KB122850

성공과 행복은 저절로 오지 않는다

성공과 행복의 7가지 법칙

김병완

만 권의 책을 읽으며 얻은
성공과 행복의 7가지 기술!

플랫폼연구소

성공과 행복은 저절로 오지 않는다

우리나라는 과거 어느 때보다 가장 풍요롭고 화려한 시대를 열어 가고 있다. 하지만 우리 삶의 질과 모습을 비추어 볼 수 있는 사회 지표들은 어둡기 짝이 없다. 이혼율과 자살률만 봐도 그렇다.

경제 성장에 성공한 한국 사회가 왜 이렇게 삶의 질적 측면에서 실패하고 있을까? 그것은 성공적이고 행복한 삶에도 그에 합당한 기술이 필요하다는 사실을 간과했기 때문이다. 그런 점에서 성공과 행복에 관한 기술은 존재한다고 말할 수 있다.

돈을 버는 기술은 지금 난무하고 있다. 돈을 많이 벌고, 승진하고, 높은 지위를 갖추는 것에 대한 기술과 방법을 알려 주는 책은 차고 넘치며, 그러한 책들만 집중적으로 보는 사람들도 많아지고 있다. 그러나 참된 성공과 행복한 삶을 살기 위해서는 또한 행복해지는 기술과 성공적인 삶을 살아가는 기술을 알아야 하고, 지속적으로 향상시켜 나가야만 한다.

세상에는 공짜가 없다. 행복한 삶을 살기 위해서는 행복의 기술을 익혀야 하고, 성공적인 삶을 살기 위해서는 성공의 기술을 배우고 익혀야 한다. 인생에는 정답이 없듯, 행복한 삶과 성공적인 삶에 대해서도 정답은 없다. 다만 좀 더 나은 성공과 행복에 대한 기술은 충분히 발견하고, 연습하고, 지향할 수 있다. 그러한 연습을 통해 행복과 성공의 기술을 익힐수록 더욱더 행복하고 성공적인 삶을 살아갈 수 있다. 성공과 행복은 결코 저절로 오지 않는다.

여기서 한 가지 문제는 한 개인의 삶의 경험이나 지식, 사고는 매우 한정적이기 때문에, 성공과 행복의 기술이 이 땅에 존재한다고 할지라도, 정확히 찾아낼 수 없다는 사실이다. 그렇다면 어떻게 해야 할까? 현인 중에 한 명인 소크라테스의 말을 빌려 보자.

"남의 책을 많이 읽어라. 남이 고생하여 얻은 지식을 아주 쉽게 내 것으로 만들 수 있고, 그것으로 자기 발전을 이룰 수 있다."

그렇다. 타인의 책을 엄청나게 많이 읽고, 그것을 통해 엄청난 발전을 이루어 내면 성공과 행복의 기술을 정확히 찾아낼 수 있다. 그러한 생각으로 다니던 직장을 그만두고 조용한(?) 지방에 내려와 3년 동안 도서관에만 처박혀 목숨을 걸고 책을 읽었다. 3년 정도의 기간 동안 책을 읽다 보니 책의 고수가 되었다. 누구라도 그렇게 책을 읽으면 독서

고수가 될 것이다. 읽다 보니 처음에는 한 권의 책을 읽는 데 며칠이 걸렸지만, 이제는 한 권의 책을 읽는 데 30분이면 충분하게 되었다. 하루 열 권 이상의 책을 거뜬히 독파할 수 있게 되었고, 일 년이면 대략 3,000권을, 3년이 되니 대략 9,000권의 책을 읽은 것이 되었다. 지금은 만 권의 책을 충분히 독파했다고 여겨진다.

책의 위력은 실로 엄청났다. 그 어떤 바보라도 한 달에 서너 권의 책을 쓸 만큼의 다작가로 도약하게 만드는 것이 수만 권 책의 위력임을 필자는 몸소 체험했다. 3년 전에는 책 한 권이 아니라 문장 하나도 제대로 만들지 못했던 둔재가 이제는 안에서부터 책들이 넘쳐흐르는 기이한 현상을 경험했다. 오히려 몸이 더 이상 받쳐 주지 않는다는 사실도 알게 되었다. 하루에 열 시간이고 열다섯 시간이고 계속 쓸 수 있지만, 몸의 여기저기서 난리가 나기 때문이다.

만 권의 책을 읽어 보지 않은 사람은 만 권의 책을 읽은 사람에게 생기는 놀라운 의식과 사고의 팽창을 이해하지 못한다. 그것은 대학교를 다녀 보지 않은 사람이 대학교 생활에 대해 잘 모르거나, 혹은 군대를 가보지 않은 여자들이 군대에서 3년 동안(필자가 다녔을 때는 3년 가까운 30개월이었다) 인생의 진수를 느끼고 정신적으로 성장하는 남자들을 이해할 수 없는 것과 마찬가지이다. 만 권의 책을 읽은 두 명의 선배에게 그 놀라운 경험을 들어 보자. 중국의 시성 두보杜甫와 추사 김정희 선생이다.

중국 최고의 시인으로 시성이라 불렸던 두보는 '만 권의 책을 읽으면 글을 쓰는 것도 신의 경지에 이른다讀書 破萬卷下筆 如有神'라고 말한 바 있다. 평생 글쓰기에 대한 교육을 받은 적이 없고, 그쪽 분야의 전공과 전혀 상관이 없는 평범한 공학도에 평범한 직장인으로, 이제 머리가 굳을 만큼 굳은 중년의 나이에 다양한 분야의 책을 써낼 수 있는 사람으로 성장할 수 있었던 것은 오롯이 만 권의 책의 위력임에 틀림이 없다.

추사 김정희 역시 '만 권의 책을 읽으면 그림과 글이 절로 나온다'라고 말한 바 있다. 이 말이 거짓이 아니라 진실임을 알게 되었다. 필자는 만 권의 책을 읽은 후 글을 쓰지 않고는 버틸 수 없는 강력한 글쓰기 욕망을 체험했기 때문이다. 뿐만 아니라, 도저히 컴퓨터 자판을 두드리는 속도가 따라오지 못할 정도로 내면에서 글이 뿜어져 나오는 경험을 너무나 자주 했다.

이 책도 필자의 경험의 소산물이다. 만 권의 책을 통해 얻게 된 성공과 행복의 7가지 기술을 함께 나누기 위해 이 책을 썼다. '대부분의 사람은 행복해지려고 결심한 만큼 행복해진다'는 링컨의 말처럼, 우리는 행복해지려고 결심하고 노력한 만큼 행복해질 수 있다. 성공하려고 결심하고 노력한 만큼 성공할 수도 있다. 이 책은 그렇게 결심하고 노력하는 사람들을 위한 책이다.

김병완

목 차

성공과 행복의 기술 1

출이반이 出爾反爾

성공과 행복의 기술 2

거안사위 居安思危

성공과 행복의 기술 1

출이반이

- 出爾反爾 -

•••

내가 소유한 것이 아니라, 내가 행하는 것이 곧 내 삶을 결정한다.
– 토머스 칼라일

인간의 행복은 90%가 인간관계에 달려 있다.
– 쇠렌 키르케고르

서로에게 더 살기 좋은 세상을 만드는 것이 아니라면 우리는 왜 사는가?
– 조지 엘리엇

남에게 베풀기를 좋아하는 사람이 부유해지고,
남에게 마실 물을 주면 자신도 갈증을 면한다.
– 솔로몬

내 생애에 행복한 날은 단 6일밖에 없었다.
– 세상을 정복하고도 불행했던 나폴레옹

인류 역사상 가장 많은 부를 차지한 민족

인류 역사상 가장 많은 부를 차지했고, 아직도 차지하고 있는 민족이 누구인가? 미국의 금융을 움직이고, 세계의 부와 권력을 쥐락펴락하는 민족이 누구인가? 지난 세기 동안 세계를 움직인 거인들을 가장 많이 배출한 민족이 누구인가? 인구 대비 역대 노벨상 수상 비율이 가장 높은 민족이 누구인가? 미국에서 최고의 부자들 중에 30%는 누구인가? 하버드 대학을 비롯한 미국 명문대의 학생 비율이 거의 30%대를 유지하는 민족은 누구인가? 이 모든 수식어의 정답은 바로 유태인이다.

과연 어떠한 비밀이 있기에 유태인들은 세계의 부를 끌어 모으고 있는 것일까? 또한 다양한 분야에서 너무나 큰 성공을 하는 것일까? 물음에 답하기 위해 유태인들이 지닌 3,000년의 지혜와 성공의 비밀을 연구하는 학자들이 꽤 많다. 학자들은 다양한 비밀들을 각각 주장하고 있지만, 언제나 공통적으로 귀결되는 결론이 하나 있다. 바로 유태인들만이 가지고 있는 사고방식과 전통이다. 그들이 가지고 있는 전통적인 사고방식은 '혼자가 아니라 서로 함께 도와주고 베풀어야 잘살 수 있다'는 사고이다.

동양에서는 한마디로 출이반이出爾反爾라고 하기도 한다. 우리에게서 나간 것은 반드시 똑같은 것으로 우리에게 돌아온다는 뜻이다. 우리가 타인에게 돈을 주면 결국 다시 돈이 들어오게 되는 것이다. 우리가 사랑을 베풀면 똑같은 사랑을 우리가 받게 되는 것이다. 이것이 '출이반이'이다. 유태인들은 이러한 정신을 뼛속 깊이 깨닫고 있었고, 직접 삶에 실천했던 것이다. 즉, 유태인들은 선행을 위해 기부를 하기도 하지만, 더 큰 부를 얻기 위해 기부를 한다는 놀라운 사실이다. 이론에 그치는 망상이나 도덕 교과서의 얘기, 탁상공론적 주장이 아니라 실제로 인류와 유태인들의 오랜 역사를 통해 검증된 결과이다.

오랫동안의 박해와 어려움 속에서도 유독 유태인들은 어디에 가도 성공을 했고, 부를 모았고, 큰 부자들이 되었다는 사실은 역사가 증명해 주고 있다. 그러한 유태인들의 독특한 특성은 바로 서로 도와준다는 사고방식이다. 하물며 유태인들은 가난한 시장 상인들조차도 자신들이 팔던 물건 중에 일정 부분은 길거리에 내놓아 가난한 사람들이 먹고살 수 있도록 선행과 사랑을 베푼다. 베풂과 나눔의 원칙은 유태인들에게 가장 중요한 삶의 원칙 중 하나였다. 이러한 원칙들이 발판이 되어 유태인들은 그토록 많은 부를 축적할 수 있었다.

유태인들의 정신 속에 흘러 내려오는 전통적인 사고방식은 '돈을 기부하고 내놓으면 더욱더 잘 살게 된다'라는 것이다. 오랜 연구 끝에 유태인들의 사고방식을 과학적으로 밝힌 사람이 《부의 비밀》이란 책의 저자인 다니엘 라핀이다.

라핀은 오랫동안 유태인들의 사고방식과 부의 비밀을 연구한 결과, '돈을 더 많이 벌기 위해서는 단순히 열심히 일하고 새로운 기술을 배우는 것만으로는 안 된다. 그러한 차원을 훌쩍 뛰어넘어 자기 자신이 온전하게 변화되고 달라져야 한다'고 주장한다. 무엇보다 부자들, 특히 유태인들은 과거의 편협하고 이기적인 사고방식에서 초월하여 자신의 이기심과 욕심을 넘어서는 사고방식을 가지게 되었다. 실제로 그렇게 될 때 비로소 부가 모여들어 세계적인 부자가 되었다는 사실들을 저자는 다양하게 증거를 제시하면서 밝혀냈다. 저자는 사고방식의 개혁을 이룬 사람은 부가 따라온다는 것, 사고방식의 변혁을 온전하게 잘 이룬 사람들 중에 유태인들이 많다는 것, 그렇기 때문에 부자가 된 유태인이 많다는 것을 주장하고 있다.

유태인들의 사고방식이 개혁 가능했던 이유가 있다. 유태인들에게는 어릴 적부터 배우고 느끼고 체험하게 되는 세상의 실제 작동 원리, 비밀, 이치를 깨닫게 해주는 책인 《토라》와 《탈무드》가 있다. 그 책들을 통해 그들은 남다른 생각과 사고방식을 가지게 되는 사람으로 탈바꿈한다. 탈바꿈을 통해 세상의 작동 원리와 부의 비밀을 깨달았고, 그로 인해 다른 민족들과 다르게 독특한 사고를 할 수 있는 민족이 되었다. 세상에 존재하지 않던 수많은 새로운 것들을 창안하고 창조한 사람들 중에 그토록 유태인이 많은 이유이다.

유태인들은 탁월한 전략가들이다. 그들의 탁월하고 독특한 사고방식의 근저에 깔려 있는 사상은 바로 숭고한 나눔의 사상이다. 전통적으로 내놓는 문화, 즉 기부 문화가 수천 년 동안 이어져 온 민족이 바로 유태인들이었다. 자선과 선행을 나타내는 히브리어인 '세다카' 정신은 급기야 유태인들에게 더욱 큰 부를 가져다주는 도화선이 되었다.

그들의 사고방식 근저에 흘러 내려오는 사고는 서로 함께 교류하고 정보를 전달할 수 있는 기회가 많을수록 참여한 모든 사람들의 부가 동반 상승하며, 시너지 효과를 통해 부가 창출된다는 것이다. 그래서 그들에게는 언제나 '친구를 많이 사귀고 도우려고 애쓰라', '인간관계를 성공과 출세의 도구로 삼지 말라', '순수하게 타인을 위해 애쓰고 도움을 주라', '타인에게 많이 베풀라. 그러면 더욱 많은 것을 받을 수 있다'는 사고들이 깔려 있다.

유태인들의 사고방식은 돈이 흐르는 원리와 일맥상통한다. '돈을 내놓으면 말할 수 없이 큰 기쁨과 보다 큰돈이 흘러 들어온다'는 사실이다. 인류의 최고 베스트셀러이며 지혜와 진리가 담겨 있는 《성경》 말씀에도 자기 재산의 십 분의 일을 헌금하는 자는 반드시 30배, 혹은 60배, 혹은 100배가 넘는 넘치는 복으로 다시 받게 된다고 하고 있다. 그러한 사실을 증명해 주는 역사적 근거가 수도 없이 많으며, 가깝게는 우리 주위에 십일조를 통해 부자가 된 사람들이 의외로 많다. 멀게는 세계 최고의 부자 역시 이러한 사람들이다.

시대적인 상황과 통용 재화의 양을 상대적으로 비교해 보면 세계 최고의 갑부는 록펠러이다. 그는 십일조를 통해 세계 최고의 갑부와 함께 행복한 사람이 될 수 있었다. 사실 그는 53세에 세계 최고의 갑부가 되었지만 행복하지 않았다고 한다. 설상가상으로 몇 년 후에 불치병에 걸려 시한부 선고를 받게 되었다. 아무리 많은 돈을 소유하게 되었다 해도 그는 행복한 삶을 살아오지 못했고, 불치병으로 인해 생을 마감해야 했다. 그는 이제까지 자기 자신만을 위해 돈을 벌었지만, 죽으면 그 재산이 모두 소용이 없다는 것을 깨닫게 되었다. 그에게 깨달음을 전해 준 결정적인 계기는 바로 최후 검진을 위해 휠체어를 타고 갈 때 병원 로비의 벽에 걸려 있던 글귀였다. 그 글귀를 보는 순간 한없는 후회를 하면서 눈물을 흘리며, 남에게 기쁨을 주고 베풀면서 살아야겠다고 결심하게 되었다.

　그는 그 후로 나눔과 베풂의 삶을 실천했고, 남을 행복하고 윤택하게 하는 데 누구보다 앞장섰다. 그 결과 그의 불치병은 기적처럼 완치가 되었고, 98세까지 장수하며 사회에 많은 기여를 하며 살았다. 그는 자신의 회고록을 통해 '인생의 전반기 55년은 쫓기면서 살았지만, 후반기 43년(나눔과 베풂을 실천하기 시작한 후의 삶)은 정말 행복하게 살았습니다'라고 증언했다.

　그는 자신이 은밀하게 처음으로 도와준 소녀가 기적적으로 회복된 모습을 조용히 지켜보면서 너무나 큰 기쁨과 행복감을 느꼈다. '나는 살면서 이렇게 행복한 삶이 있는지 몰랐습니다'라고 표현하기까지 했

다. 세계 최고 갑부의 삶을 통해 행복한 삶이 성공한 삶보다 더 나은 삶
이라는 사실과 참된 행복은 소유가 아니라 나눔에 있다는 사실을 우
리는 깨칠 수 있다. 록펠러로 하여금 참된 행복의 길로 갈 수 있게 해준
결정적인 글귀는 이것이었다.

"주는 자가 받는 자보다 복이 있나니……."

이러한 진리를 삶에 실천하자 불치병도 나았고, 돈은 많아도 참된 행
복을 몰랐던 그가 참된 행복의 삶을 살게 되었다.

지혜의 왕 솔로몬도 잠언에서 '구제를 좋아하는 자는 풍족해질 것이
요, 남을 윤택하게 하는 자는 자기도 윤택해지리라(잠언 11:25)'라고 말
했다. 움켜쥘수록 많은 돈을 벌 수 없고, 그 움켜쥔 것조차 썩어 버리기
때문에 가난하게 된다는 진리이다. 반드시 구제를 좋아하는 자는 풍족
하게 될 것이다.

나눔과 베풂이라는 사고방식과 함께 유태인들의 성공과 부에 가장
큰 영향을 끼친 전통적인 습관이 있다. 바로 사바스Sabbath라는 안식일
제도이다. 유태인들은 과거부터 현재까지 일주일 중 하루는 반드시 안
식일로 삼아 소중히 여기고 즐기는 제도가 있다. 이날은 금요일 저녁부
터 토요일 저녁까지로, 철저하게 가정 중심의 날이기도 하다. 아무리
바빠도 이날에는 절대 일과 관련된 이야기를 하지 않고, 일과 관련된
책이나 편지도 읽지 않는다. 오직 집에서 가족이 함께 세 끼 식사를 하
고, 기도하고, 배우고, 노래 부르고, 대화하고, 자녀들에게 지혜의 보

고인《탈무드》와《토라》같은 경전을 읽어 주며 전수한다.

　　인간관계의 가장 근본은 바로 가정이다. 가족 관계가 잘 형성된 사람들은 사회에서도 동일하게 될 수밖에 없다. 유태인들은 일주일 중 하루인 이날은 반드시 온 가족이 함께 세 끼의 식사를 하며, 인간관계의 기본을 배우고 실천한다. 사바스 제도를 통해 유태인들은 인간관계의 원리와 원칙을 알게 되고, 또한 사회생활로 이어진다. 그 결과 유태인들은 세계 최고의 부자 집단, 두뇌 집단이 될 수 있었다.

　　이와 상반된 결과도 있다. 똑같은 휴일을 보냈지만 멸망해 버린 로마인과 그리스인들을 살펴보자. 그들은 휴일을 인간관계의 핵심인 가족 관계를 개선하고 향상하는 데 집중하지 않았다. 오직 개인의 쾌락과 즐거움, 향락을 위해 보냈다. 그래서 결국 망하게 되었다고 보는 학자들의 주장이 많다. 필자 역시 전적으로 동의하는 입장이다. 수천 년 동안 박해와 핍박을 받은 유태인들이 세월이 가면 갈수록 세상의 부와 권력과 성공을 쓸어 담은 이유와 비밀은 바로 사바스와 같은 전통적인 인간관계 중심의 삶 때문이다.

인생에서 가장 행복한 순간이란?

....

최고 강대국 미국의 대통령을 지낸 사람을 통해 인생의 참다운 성공과 행복은 무엇인지 알아보자. 미국의 역대 대통령 중에 한 명인 지미 카터는 텔레비전 인터뷰를 통해 의미심장한 말을 남겼다. 가장 행복한 날이 언제였냐고 묻자 그는 서슴지 않고 '내게 가장 좋은 시절은 백악관을 떠난 뒤 즐겁게 지내고 있는 바로 이 순간입니다'라고 말했다. 수많은 사람들은 성공했을 때나, 높은 지위에 올라갔을 때 가장 행복하고 좋을 것이라고 생각하겠지만, 정작 제일 높은 지위 중의 하나인 미국 대통령을 지낸 카터는 '지금이 인생에서 가장 행복한 순간'이라고 말했다. 과연 무엇이 그로 하여금 가장 행복하고 좋은 순간이 지금이라고 생각하게 만든 것일까?

그 이유는 바로 그가 퇴임 후 벌이고 있는 다양한 헌신과 베풂 때문이다. 그는 사실 재임 기간 동안 가장 무능한 대통령으로 평가받았다. 대다수의 국민들이 20세기 최악의 대통령으로 손꼽을 정도로 실패한 대통령이었다. 하지만 그는 참된 행복과 성공, 의미 있는 삶은 자신에게 집중하는 것이 아니라, 지구상에 있는 가난하고 소외된 자들을 행복하고 윤택하게 하는 것에 달려 있다고 믿었다. 그것이 자신이 퇴임 후에 해야 할 소명이라고 생각했다.

그는 카터재단을 설립하여 다양한 봉사와 나눔을 실천했다. 질병 퇴치 활동 등을 통해 제3세계 빈민층이 행복하고 윤택해지게 노력했다. 뿐만 아니라, 분쟁 지역을 찾아다니면서 평화 분위기를 조성하거나, 분쟁 조정자의 역할도 서슴없이 하였다. 특히 집 없는 이들을 위한 집 짓기 운동인 '해비타트 Habitat' 운동을 전 세계로 확산시킨 장본인이기도 하다. 그러한 여러 가지 공로로 그는 노벨 평화상도 수상하게 되었다.

무엇보다 그는 미국 역사상 가장 빛나는 전직 대통령 가운데 한 명으로 존경받으며 참된 성공과 행복, 의미 있는 삶을 살아가고 있는 사람이 되었다. 지미 카터 전직 대통령의 인생을 통해 볼 때, 참된 성공과 행복은 세상의 높은 지위가 아니라 타인을 행복하고 윤택하게 하는 것임을 확실히 알 수 있다.

직장에서도 그대로 적용이 된다. 필자는 대기업 연구원으로 첫 사회생활을 시작한 적이 있다. 국내에서 가장 똑똑한 젊은이들이 많이 모이면서 수천 명 동기들의 인적 네트워크가 자연스럽게 형성된다. 동기들끼리는 누가 일을 잘하고 능력이 뛰어난지, 누가 일을 못하는지, 누가 성격이 좋은지, 누가 어떠한 특징이 있는지 상사나 선배 들보다 잘 알고 있다.

십 년 넘게 대기업에서 생활하면서 필자는 수천 명이나 되는 동기들 중에 정말 탁월한 능력을 갖고 있는 동기들도 몇 년 안에 회사를 포기하는 사람들이 많다는 것을 알게 되었다. 회사를 포기하고 나가는 동기들을 너무나 많이 봤는데, 그중에 80% 정도는 대인 관계에서 실패했기 때문이었다. 가장 힘든 것이 상사와의 상습적인 갈등, 동료들과의 원만하지 못한 관계였다. 정말 재능이 뛰어난 동기들이 입사한 지 몇 년도 안 되어 회사를 그만두는 이유가 거의 모두 그랬다. 즉, 회사에서 크게 성공하기 위해 가장 필요한 요소는 재능이나 능력이 아니라, 원만한 대인 관계라는 것이다. 동기들 중에 십 년 이상 회사 생활을 장기적으로 하며 대체로 만족스러워하는 동기들은 모두 원만한 인간관계를 형성하는 데 뛰어났다.

캠벨이라는 심리학자의 연구가 있다. 처음에는 기업체의 유망주로 주목받지만 중도에 실패한 사람들의 공통점을 연구했다. 실력은 있는데 회사에서 성공하지 못하고 중도에 실패했던 사람들은 모두 하나같이 인간관계가 좋지 못했다는 사실을 그는 밝혀냈다.

대졸자 취직과 경력 관리를 전문으로 하는 오스트레일리아의 비영리 기관인 GCA Graduate Careers Australia에서 2006년 연구 조사한 결과, 고용주들이 가장 선호하는 능력은 대인 관계 및 의사소통 기술이었다. 대인 관계 및 의사소통 기술 58%, 학위 34%, 경력 26%, 리더십 기술 18%이고, 나머지 순위들은 열정, 업계 지식, 추진력 등이 차지하고 있었다. 고용주들은 자신의 회사가 성장하고 번성하기 위해 가장 필요한 것은 직원들끼리의 좋은 인간관계와 그것을 형성하기 위해 반드시 필요한 의사소통 기술이라는 사실을 누구보다 잘 알고 있다는 의미이다.

가장 좋은 의사소통은 말재주나 얄팍한 스킬, 아부가 아니다. 상대방을 진심으로 생각하고, 배려하고, 베풀고, 도와주려는 이타적인 마음이라는 것을 명심해야 한다. 대인 관계와 상대방에게 베풀고 도와주려는 이타적인 마음은 직장 생활을 성공적으로 할 수 있는 기술이다. 아울러 직장 상사와 고용주들이 가장 선호하는 능력이라는 사실을 명심하자.

일 잘하는 당신이 성공하지 못하는 이유

《일 잘하는 당신이 성공을 못하는 20가지 비밀》의 저자인 마셜 골드 스미스는 자신의 저서를 통해 직장과 같은 조직에서는 단지 실력만으로 성공하지 못한다는 사실을 정확히 지적했다. 일을 잘하고 실력이 있어도 결국 직장에서 성공하여 높은 자리까지 올라가는 사람에게는 실력보다 중요한 요인이 있으며, 직장에서 실패하는 것도 그만한 요인이 있다고 말한다.

저자는 성공을 위해서 하지 말아야 할 치명적인 실수를 20가지를 제시한다. 그중에는 인간관계와 관련된 사항이 압도적으로 많다. 지나친 의견 추가하기, 쓸데없는 비평, 파괴적인 말, 부정적 표현, 잘난 척하기, 반대 의견, 정보의 독점, 인색한 칭찬, 남의 공 가로채기, 변명, 핑계, 사과하지 않기, 경청하지 않기, 감사하지 않기, 엉뚱한 화풀이, 책임 전가, 자기 미화 등 모두 남보다 자신을 먼저 생각하는 이기적인 마음과 욕심에서 비롯된 것이다. 동료와 타인에게 먼저 칭찬을 베풀고, 의견을 존중해 주고, 정보를 나누어 주고, 자신보다 동료에게 많은 공을 주는 등의 행위를 하면 성공할 수 있다는 결론이다.

필자의 실제 경험과 전문가의 주장, 여러 연구 사례들을 종합해 볼 때, 직장 생활에서 가장 중요한 성공 요인은 실적이나 업적이 아니라 인간관계라고 확실하게 말할 수 있다. 그러한 인간관계의 정수는 바로 타인을 행복하게 해주려는 마음과 행동이다.

상사를 행복하게 해주기 위해 최선을 다해 일하는 것과 자신이 출세하기 위해 열심히 일하는 것은 차원과 의도가 다르고, 도달하는 목적지도 다르다. 전자는 사랑과 헌신이라는 긍정적인 마인드로 시작하기 때문에 놀라운 에너지와 힘이 발산된다. 후자는 자신의 이기심과 출세를 위한 것이기 때문에 욕심과 집착이라는 마인드로 가득차 있다.

최근 연구 결과, 사랑과 헌신이라는 긍정적인 마인드를 가지고 생각하거나 일할 때에 놀라운 힘과 에너지가 나오고, 힘이 세지고, 지칠 줄 모른다는 사실이 밝혀졌다. 누가 더 일을 열심히 하고 잘할 것 같은가? 당연히 전자이다. 동료와 후배들을 위해 일을 대신 해주고 어려움을 해결해 주는 행동을 하면, 그 사람은 직장에서 없어서는 안 될 사람으로 평가받게 된다. 결국 그 사람이 직장 생활을 보다 알차게 잘할 수밖에 없다.

이러한 사실을 정확하게 꼬집어 낸 보고서가 있다. 세계적인 마케팅 전략가 중 한 명인 세스 고딘이 쓴 《세스 고딘 보고서》이다. 그는 미국 전역의 중간 관리자와 최고 경영자 2만 명을 대상으로 설문 조사를 실시하였다. 그 설문 조사의 결과를 보고서로 엮었다. 설문 조사 결과, 수

많은 사람들이 중요시하고 있는 창조성, 동기 부여 같은 항목들은 덜 중요한 것으로 드러났다. 오히려 윤리, 팀워크처럼 인간관계와 밀접한 관련이 있는 미덕들이 높은 점수를 받았다. 구체적으로 순위를 살펴보면 윤리 49%, 팀워크 38%, 정직 36%, 호기심 35%, 근면 27%, 지혜 26%, 동기 부여가 겨우 22%, 유머 16%, 주도권 16%, 창의성 15%로 미국의 관리자들과 경영자들이 각 미덕들을 평가하는 것으로 나타났다.

직장에서 성공하고 싶은 사람이나 상사로부터 높은 평가를 받고 싶은 사람들은 창의성보다는 팀워크에 주력하는 것이 유리하다. 주도권보다는 정직하고 윤리적인 사람, 즉 인간성이 돋보이는 사람이 되어야 한다. 무엇보다 팀워크를 좋게 하는 사람은 자기 자신만을 생각하는 사람이 아니라, 먼저 타인을 행복하고 윤택하게 해주는 사람임에 의문의 여지가 없다.

직장에서 성공하는 원리는 연봉하고도 매우 밀접한 관련이 있다. 직장에서 성공한 많은 사람들은 하나같이 자기가 받는 월급이나 연봉보다 더 많은 일을 하는 사람이다. 돈만 보고 월급만큼 일하는 사람은 일대일로 주고받는 관계이다. 일한 만큼 받기 때문에 같은 일을 하고 직장을 다녀도 더 이상 발전이 없다. 자기가 받는 월급보다 언제나 많은 일을 하는 사람은 회사에 많은 것을 베푸는 사람이다. 회사의 주인이 아니라 고용인이라도, 사회적 지위나 위치에 상관없이 어떻게 하느냐에 따라 베푸는 사람이 될 수 있다. 결국에는 베푸는 사람이 더욱 많은 것을 받게 된다.

받는 것보다 많은 일을 항상 하는 사람은 자신의 시간, 노력, 열정을 회사와 동료들을 위해 내놓는 사람들이다. 보다 많은 것을 내놓는 사람에게 더 큰 부와 보상이 흘러 들어가게 되어 있다는 우주의 법칙과 세상사의 이치가 고스란히 적용된다. 결과적으로 그런 사람이 직장에서 보다 많은 연봉을 받는 사람이 된다는 사실은 실제 수많은 사람들이 경험한 사례이다. 남에게 많이 베풀수록 자기도 많이 받는다는 진리가 숨어 있는 것이다.

타인을 행복하고 윤택하게 해야 성공한다

청소도 자주 해주고, 빨래도 자주 해주고, 설거지도 자주 해주면 반드시 아내는 행복해할 것이다. 아내는 남편에게 고마워서 더욱더 잘할 것이 뻔하다. 아이들을 행복하게 만들기 위해 함께 놀아 주며 많은 시간을 보내면, 아이들은 더욱더 열심히 공부하고 훌륭한 사람으로 성장해 갈 것이다.

아내와 아이들을 위해 하는 행동은 행복의 중요한 조건 중에 하나인 건강과도 매우 밀접한 관련이 있다. 퇴근해서 소파에 앉아 TV만 보는 남자는 수명이 굉장히 줄어든다는 연구 결과가 있다. 퇴근하고 집에 돌아와서 몸은 피곤해도 아내를 위해 청소를 함께 해주고, 빨래도 해주고, 아이들과 함께 놀아 주는 남편들은 그렇지 않은 남편들보다 상대적으로 수명이 길다.

행복한 아이들이 보다 많이 배우고, 보다 많이 기억한다는 연구 결과도 있다. 아이들을 행복하게 해주면 공부도 잘하게 된다. 그 어렵다는 자식 농사를 잘 지은 훌륭한 아빠가 될 수 있다. 훌륭한 사람으로 잘 살아가는 자녀들을 보며 행복해하지 않는 부모가 어디 있을까?

세계 최고의 학력을 자랑하는 핀란드와 일본의 작은 시골 마을 아키타 현의 공부 비결 역시 가족들과 함께하는 식사와 대화, 지역 행사 참여, 함께하는 공동체 등이 핵심이다. 좋은 인간관계를 형성하고 확장하는 것이 성공과 행복의 기술일 뿐만 아니라 공부를 잘할 수 있는 최대의 비결이다.

국가에도 그대로 적용이 된다. 세계 최고의 부자 나라는 미국이다. 미국이 어떻게 부자 나라가 될 수 있었을까? 바로 타인을 위해 기부하는 좋은 전통이 있었기 때문이다. 미국은 스스로 기부하는 문화가 가장 잘 발달된 나라이다. 자연히 세계의 부가 모여들게 되어 최고 부자 나라가 될 수 있었다. 미국 국민의 98%가 매년 기부에 참여하고 있다는 점을 통해, 타인을 행복하게 하고 윤택하게 하는 자세가 최선의 조건이며 비밀이라는 것을 확인할 수 있다.

미국 국민들의 바탕에는 봉사와 기부 정신이 흐르고 있다. 9.11 테러를 겪으면서 미국 국민들의 놀라운 봉사와 기부 정신을 또 한 번 전 세계인들은 보았다. 미국 각지에서 자신의 생업을 뒤로한 채 몰려든 수많은 자원 봉사자들, 생명을 아까워하지 않는 소방대원들의 헌신과 봉사 정신은 지금의 강대국 미국이 왜, 어떻게 존재하고 존재할 수 있는지를 보여 주는 증거이다.

인간과 인간의 만남과 사귐에도 원리는 그대로 적용된다. 타인을 행복하고 윤택하게 하라는 말은 비단 물질에 한정된 것이 아니다. 우리가 가지고 있는 모든 것으로 남을 행복하고 윤택하게 할 수 있다. 예를 들어, 유머를 자주 사용하는 사람은 남에게 웃음과 기쁨을 자주 선사하는 사람이다. 역시 타인을 행복하고 윤택하게 한다. 유머 있는 사람은 그렇지 않은 사람보다 실제 연봉 액수가 많고, 일도 잘한다는 사실이 최근 밝혀졌다.

유머의 힘과 관련된 재미있는 연구 결과를 살펴보자. 〈하버드 비즈니스 리뷰〉에서 유머와 연봉과의 상관관계에 대해 발표한 적이 있다. 유머가 많은 리더일수록 부하 직원들이 잘 따르며, 연봉도 높다는 보고이다. 평범한 리더와 우수한 리더 사이에는 많은 차이점이 있지만, 그중에서도 분명한 차이점 하나가 유머라는 것이다. 우수한 리더일수록 평소에 유머를 많이 사용하며, 그 빈도와 연봉 액수가 비례한다는 재미있는 이야기가 실제로 직장에서 일어난다는 말이다.

유머를 많이 사용할수록 인간관계가 좋아지고 향상된다. 유머가 많은 사람은 보다 많은 사람들에게 더 자주, 더 많이 웃음을 베푸는 사람이다. 유머를 사용하여 남에게 기쁨과 웃음을 주는 사람은 자신보다 남을 먼저 생각하고, 배려하고, 도와주고, 베풀고, 주려는 사람이다. 남을 행복하고 윤택하게 하는 사람은 결국 더욱 많은 연봉을 받게 되고, 보다 많은 사람들로부터 인기를 얻으며 따르게 만든다. 재미있는 연구 결과와 사회 현상에 행복과 성공의 제1 기술 원리가 흐르고 있는 것이다.

이와 비슷한 원리는 '칭찬의 위력'이다. 칭찬도 타인을 행복하고 윤택하게 하는 행위이다. 재미있는 점은 칭찬을 많이 하는 사람일수록 자신이 더욱 행복해지고 성공적인 삶을 살아간다는 것이다. 과연 왜 그럴까?

그 이유를 뇌 과학적인 측면에서 설명 가능하다는 점이 흥미롭다. 칭찬을 할 경우 우리의 자율 신경계는 그 주체를 정확히 분별하고 구별하여 받아들이지 않는다. 누군가에게 '당신은 최고이십니다. 당신께서는 정말 훌륭하십니다'라고 칭찬한다고 하자. 우리의 자율 신경계는 '나는 최고이다. 나는 정말 훌륭해'라고 받아들인다는 것이다. 타인을 행복하고 윤택하게 해주려고 칭찬했지만, 결과적으로 우리의 뇌 속에서는 기쁨과 행복의 호르몬인 엔도르핀, 도파민 등이 분비된다. 타인에게 칭찬을 하면 자신 또한 행복해진다는 의학적 뒷받침이다. 칭찬하면 할수록 자신이 더욱 행복해진다.

칭찬을 하면 그 칭찬을 받는 사람과 인간관계도 좋아질 수밖에 없다. 주위에 있는 제3자들에게도 칭찬을 자주 하는 사람이라는 인상을 심어 주게 되어 여러 사람들과 좋은 인간관계를 형성할 수 있다. 좋은 인간관계는 바로 성공적인 삶으로 직결된다. 요컨대 칭찬을 하면 할수록 성공할 공산이 더욱 커진다. 칭찬도 남을 행복하고 윤택하게 하고자 하는 행위이다. 성공과 행복의 제1 기술이며 원리인 것이다.

성공하는 사람일수록 '잘못했습니다. 죄송합니다'라는 사과의 말을 많이 한다는 발표가 난 적이 있다. 사과도 상대방에게 베풀고 기분을 배려해 주는 행위다. 분명 타인을 행복하고 윤택하게 하는 생활의 활력소와 윤활유가 아닐 수 없다. 사과의 말인 '잘못했습니다. 죄송합니다'라는 말을 많이 하는 사람은 생활 속에서 남들보다 실수를 많이 하는 사람이 아니라, 타인의 기분과 감정을 많이 배려하고 생각해 주는 사람이다.

성공한 사람들은 타인을 행복하고 윤택하게 하는 사람들이 아닐 수 없다. 성공하고 싶다면 타인에게 사소한 것들도 많이 베풀고 주는 사람이 되어야 한다.

진정한 성공의 법칙

....

세계를 모두 차지하고 정복한 나폴레옹은 과연 행복했을까? 과연 우리는 그를 성공한 인생이라고 평가하고 있는가? 그는 다음과 같은 말로 자기 인생에 대한 슬픈 고백을 했다.

"내 생애에 행복한 날은 단 6일밖에 없었다."

그는 자기의 야망과 욕심을 채우는 데 평생을 투자한 사람이었다. 그의 생애에 유일하게 행복했던 6일은 아마도 자기보다 타인을 위한 삶을 살았던 6일이었으리라고 생각해 볼 수 있다.

나폴레옹은 역사에 길이 남는 정복자일지는 모르지만, 정작 자신은 행복과는 관계가 없는 사람이었다. 그에게 불가능만 없었던 것이 아니다. 사랑을 나누고 베풀 따스한 인간관계도 없었다. 그에게는 오직 충성스럽고 용맹스러운 부하들만 있었다. 전 유럽을 모두 소유하고 정복한 그도 행복한 삶을 살지 못했다. 과연 그는 무엇 때문에 그러한 인생을 살았을까? 아이러니하게도 그 역시 행복해지고 싶어서 그랬지 않았을까?

"모든 사람은 행복을 추구하며, 여기에 예외는 없다. 행복을 추구하는 수단은 저마다 다를지라도 그 모든 것은 한 지점을 향하고 있다. ······ 행복은 모든 이들의 모든 행동의 동기이며, 심지어 목을 매달아 죽는 사람도 이 점은 같다."

블레즈 파스칼의 말을 토대로 한다면, 나폴레옹도 행복을 추구하기 위해 전 유럽을 정복하였을 것이다. 하지만 정작 자신은 행복하지 못했다. 위대한 철학자 토마스 칼라일의 말은 우리가 자주 생각해 봐야 할 명제이다.

"내가 소유한 것이 아니라, 내가 행하는 것이 곧 내 삶을 결정한다."

행복하기 위해서는 자기 자신의 욕심과 야망을 내려놓아야 한다. 먼저 타인을 행복하고 윤택하게 해주는 행동이 성공적이며 행복한 삶을 살 수 있게 한다.

듀크 대학의 심리학자인 에릭 파이퍼는 지혜롭게 나이 먹는 사람들의 공통점을 연구하였다. 그런 사람들의 공통점 세 가지 중에 하나가 좋은 인간관계였다. 이처럼 좋은 인간관계는 보다 나은 삶의 질을 제공해 준다.

성공해도 불행한 사람이 있는 반면, 그다지 큰 성공은 하지 못해도 행복한 사람이 있다. 그 비결 역시 좋은 인간관계의 형성이라고 말할 수 있다. 또 하나는 남에게 베풀 줄 아는 이타적이고 사랑 가득한 마음 이다. 자신만을 생각하는 이기적인 생각으로는 그 어떤 감사하는 마음 이나 축복하는 마음, 베풀고 나누는 마음이 발생하지 않는다.

　당신이 지금까지 성공하지 못했다면, 그리고 당신이 지금까지 행복하 지 못했다면 능력이나 재능이 부족했기 때문이 아니다. 자기 자신만을 생각하는 이기적인 마음 자세 때문이다. 이 사실을 제대로 이해하는 사람은 이제부터 행복하고 성공적인 삶을 살아갈 수 있다.

　《정상에서 만납시다》와 《시도하지 않으면 아무것도 할 수 없다》의 저 자인 지그 지글러는 진정한 성공의 법칙은 '많이 베풀고, 많이 주고, 많 은 노력을 하는 것'이라고 말했다. 역사적으로나 지금이나 세계에서 가 장 성공한 사람들과 행복한 사람들에게는 분명한 한 가지 공통점이 있 다. 자신들이 가지고 있다면 무엇이든 상관하지 않고 내놓는다는 것이 다. 세계 최고의 갑부 워렌 버핏도 그렇고, 빌 게이츠도, 슈바이처도, 아인슈타인도, 헬렌 켈러도, 테네사 수녀도, 김대중 전 대통령도 그렇 다. 모두 원하고, 요청하고, 받기만 하려 했던 부류의 사람이 아니다. 세상이 원하는 것을 내놓고 베푸는 부류의 사람들이었다.

　자신이 원하는 것을 요청하고 받은 사람들은 정작 행복하지 못하다. 수많은 로또 당첨자들을 보라. 1년 안에 거의 대부분의 당첨자들이 로

또 당첨 전보다 못하거나, 그 수준의 행복만큼 못 느낀다는 조사 결과가 있다. 세계 최고의 부자 대열에 오랫동안 올라서 있는 워렌 버핏과 빌 게이츠 역시, 아무리 돈이 많아도 함께 사랑을 나누고 정을 나눌 사람들이 없다면 불행할 뿐이라고 말한다. 그들은 누구보다 많은 기부에 앞장서고 있다.

생후 20개월 만에 시각과 청각을 모두 잃은 헬렌 켈러는 아무것도 가진 것 없이 불행할 수밖에 없는 신체 조건으로 인생을 시작했다. 평생 그러한 조건에서 살았음에도 아낌없이 봉사와 헌신을 수행했기 때문에 그녀는 누구보다 값진 행복과 성공적인 삶을 살 수 있었다. 급기야 그녀는 '내 생애에 행복하지 않은 날은 단 하루도 없었다'라고 말할 정도로 자신을 넘어서고 타인을 먼저 생각했던 사람이다.

만약 그녀가 자신만을 생각하고, 원하는 것만 요청하며 평생 살았다면? 많은 물질을 소유한 사람이 되었을지는 모르지만, 결코 행복하고 성공적인 삶을 살지는 못했을 것이다. 행복하고 성공적인 삶은 결코 소유에 있지 않고 베풂에 있기 때문이다. 우리가 스스로 만들어 나가야 하는 관계 속에 참된 행복과 성공의 의미가 숨어 있다.

제대로 된 성공과 부와 행복을 말하는 도서들은 한결같이 자신이 변화하고 성장해야 한다고 주장한다. 욕심이나 집착, 탐욕, 이기심을 모두 뛰어넘어 진정 자신보다 타인을 사랑하고 행복하게 해줄 수 있는 사람이 되어야 성공과 부가 찾아와 행복해질 수 있다고 말한다.

하지만 얄팍한 방법 위주의 성공학 도서들은 자신에 대해 성찰하거나 목표를 세울 필요가 없다고 주장한다. 원하는 것을 찾고, 요청하고, 이미 이루어졌다고 믿고, 받으라고만 말한다. 성급한 현대인들이 열광할 만하게 신속하고, 정확하고, 쿨하게 말한다. '요청하고, 믿고, 받아라'고 말이다. 이보다 이기적이고, 탐욕과 욕심을 부추기는 책이 어디 있을까? 우물가에 가서 숭늉을 간절히 원하고, 요청하고, 믿고, 마시라는 말과 다를 바 없다.

세상에 있는 모든 것을 원하고, 원한 것을 모두 가질 수 있다고 해서 절대 행복한 삶을 살 수는 없다. 행복은 소유물로 결정되는 것이 아니라, 내가 어떤 사람이냐에 따라 결정되기 때문이다. 내가 하루하루를 어떤 방식으로, 어떤 생각을 가지고, 어떤 자세와 태도로 살아가느냐에 따라 결정된다. 이러한 사실을 아주 잘 설명해 놓은 책이 이미 전 세계 수백만 독자들과 회사들을 신명 나고 활기차게 만든 《펄떡이는 물고기처럼》과 2탄 격인 《성공하는 삶을 위한 FISH! 철학》이다.

이 책들에서 주장하는 핵심 내용은 행복하고 성공적인 삶을 살고 싶다면 4가지 피시FISH 철학을 실천하라는 것이다. 그 실천 철학의 핵심은, 기쁜 마음으로 재미있게 일상생활 속에서 즐거움을 발견하라, 타인에게 특별한 관심을 가져 상대를 감동시키고 행복하게 하라, 몸과 마음과 생각을 집중하여 타인에게 귀 기울이라 등이다. 행복하고 활기차게 사는 놀라운 비결은 타인에게 특별한 관심을 가지고, 타인에게 집중하고, 타인에게 봉사하는 것이라고 주장한다.

피시 철학과 삶의 방식을 통해 보다 활기차고 즐겁게 살아갈 수 있다. 내가 하루하루를 어떤 방식으로, 어떤 자세와 태도를 가지고 살아가는 사람이냐에 따라 나의 행복과 성공이 결정된다는 것을 이 책들은 분명하게 말해 주고 있다.

유럽을 뒤흔든 베스트셀러인《디퍼 시크릿The Deeper Secret》의 저자 안네마리 포스트마는 주장했다. 우리가 돈의 노예가 아닌 진정한 주인이 될 때, 즉 돈이나 지위를 얻으려는 욕심이 우리의 목표가 아닐 때, 그것들 때문에 걱정하지 않고 집착하지 않으면서도, 그것들을 완전하게 즐기고 가치를 제대로 인정할 때, 우리는 이기심이 필요하지 않은 경지에 이른다. 경지에 이르면 우리에게 그것들이 흘러 들어올 준비가 완료된다며, 그것이 우주의 법칙이라고 말했다. 일부 성공학 책들이 강조하는 원하기, 요청하기, 얻기, 소유하기는 우주의 법칙이 아니다. 주는 만큼 받는 것이 우주의 법칙이다. 그녀는 '성공하는 삶을 창조하는 12가지 법칙' 중에 하나가 받고 싶은 만큼 주는 법을 배우는 것이라고 말한다. 우리는 항상 주는 만큼 정확하게 돌려받기 때문이다.

역사가 증명한 인류 불변의 진리

··

   인류 불변의 진리 중 하나는 '주면 줄수록 많이 받고, 많이 행복해진다'이다. 많이 주면 줄수록 더 많이 얻는 이치는 씨를 뿌린 만큼 거두는 이치와 같다. 이러한 이치를 누구보다 잘 알고 주장했던 사람으로 지혜의 왕 솔로몬을 빼놓을 수 없다. 그는 남에게 베푸는 자는 결코 궁핍해지지 않을 것이며, 남에게 준 것보다 많이 받게 되리라고 했다. 받는 것보다 주는 것이 더욱 행복하다.

   심리학에서는 인간 활동의 원동력을 크게 2가지로 본다. 하나는 가지려는 소유 욕망이고, 다른 하나는 잃고 손해 볼까 하는 두려움이다. 받는 사람은 소유 욕망이 충족되어도 여전히 잃고 손해 볼까 하는 두려움을 가지고 있다. 반쪽의 기쁨이다. 사랑으로 베풀고 주는 사람은 가지려는 소유 욕망과 잃고 손해 볼까 하는 두려움을 모두 극복한다. 완전한 기쁨을 누릴 수 있다.

   인간을 행복하게 하는 것은 외부 환경이 아니다. 자신의 욕망과 집착을 극복하고 온전히 타인을 위하는 마음이 형성되었을 때다. 그 마음이 행동으로 나타나면 자신도 모르게 소유욕과 손해에 대한 두려움이 모두 해결되는 효과가 제대로 작용된다.

먹을 음식도 마실 물도 없고, 온갖 더러운 벌레들과 죽은 시체들로 인해 도저히 한 달도 버티기 힘든 동굴 감옥이 있다. 보통 사람들은 한 달 이내에 모두 죽고 말지만, 몇 년 동안을 버티면서 살아남는 사람이 있다. 바로 자신의 생명과 안위보다 동굴에 잡혀 들어온 타인을 먼저 배려하는 사람이다. 타인을 성심껏 돌보고, 자신의 음식을 나누며 헌신하는 사람이다. 사람은 자신만을 생각하면 연약한 존재지만, 자신보다 타인을 먼저 생각하면 강하고 위대한 존재가 된다. 보라. 자녀들을 위해 무엇이라도 할 수 있는 어머니들은 강하다. 비록 여자는 약하지만 어머니는 강한 이유다.

'용서의 위력'이라는 이치도 있다. 수많은 전문가들과 학자들의 연구 결과를 토대로 용서에 대하여 내린 결론이다. '용서하는 사람은 용서하지 않는 사람이나 용서를 못 하는 사람보다 훨씬 행복하다'는 것이다. 용서는 용서를 받을 사람에게 무한한 자비와 사랑을 베풀고 주는 행위이다.

주기 위해서는 줄 무엇인가가 있어야 한다. 용서하기 위해서는 무한한 자비와 사랑이 먼저 자신의 내면에 있어야 한다. 그래서 용서하기가 그토록 힘들다. 용서하려고 노력하다 보면 자신의 내면에 자비와 사랑과 동정 같은 감정들이 외부에서 흘러들거나, 아니면 자신의 내면에서 만들어진다. 결국 자신이 가지고 있는 자비와 사랑과 동정이 용서받아야 할 사람에게 줄 수 있는 정도가 된다.

　용서는 용서받을 자, 즉 자신에게 해를 끼친 자일지라도 행복하고 윤택하게 해주는 행위이다. 주는 사람이 더욱 행복해지는 만고불변의 원칙에 따라, 용서받는 사람보다 용서해 주는 사람이 더 행복해진다. 마음이 윤택해진다.

　용서를 하지 못하는 사람이나 하지 않는 사람들에게는 용서받아야할 사람으로부터 위로와 사과, 정신적 물질적 보상 같은 여러 가지를 받으려는 마음이 존재하고 있다. 의식적이든, 무의식적이든 상관없이 말이다. 받으려는 마음 상태이기 때문에 받아야 만족이 된다. 무엇이되었든 받아야만 비로소 위안이 되고, 마음의 평화가 이루어진다. 따라서 용서하는 사람보다 용서를 하지 않는 사람이 덜 행복하다.

　상대방의 사과를 받은 후에 용서하는 사람보다는 무조건적으로 용서해 주는 사람이 더욱더 행복할 수밖에 없다. 사과도 하지 않고, 잘못을 인정하지도 않는 자를 용서하는 것이 더 많이 베풀고 주는 행위이기때문이다. 용서하는 행위도 자신의 사랑과 자비와 동정 들을 타인에게주는 행위인 셈이다.

　더불어 용서하는 행위 역시 인간관계를 좋게 하는 관계 지향적인 행위이다. 좋은 인간관계를 지속적으로 맺기 위해서라도, 타인에게 무엇인가를 베풀고 나누기 위해서라도 용서는 반드시 필수적인 요소이다.

남에게 베풀면 증식된다

남성들보다 여성들의 평균 수명이 높다는 사실은 아주 오래전부터 기정사실화되어 있다. 여성들은 행복의 체감 지수 측면에서 남성들보다 관계 지향적인 특성이 있어서 행복을 잘 느끼고, 훨씬 오래 산다. 더욱더 중요한 요인 중 하나는 모든 여성들이 자녀들을 낳고 키우면서 무엇보다 큰 헌신과 사랑을 베푼다는 것이다. 자신보다 자녀들에게 베푸는 무한한 사랑과 봉사와 헌신은 타인을 행복하고 윤택하게 하라는, 행복과 성공의 최고 기술을 유감없이 실천하는 사례이다. 그래서 여성들은 오래 살고, 보다 행복하고, 보다 성공적인 삶을 살게 된다.

복잡한 현대 사회로 오면서 수많은 주부들이 자녀나 가정보다 자신의 행복과 인생에 집중하기 시작했다. 우울증 환자가 급증하고, 자살하거나 가정이 파탄하고, 이혼하는 수치도 급증했다. 자신의 인생과 행복에 집중하면서 이기적으로 살면서 아이러니하게도 우울증에 걸리고, 피해망상증에 걸리고, 급기야 이혼하게 되었다. 자신의 인생과 행복보다 먼저 자녀들의 행복을 위해 헌신하고 베푸는 주부들은 그만큼 행복해진다. 행복과 성공은 먼저 자신의 이기심과 욕심을 버리고 타인을 행복하고 윤택하게 해줄 때 찾아온다.

미국 CNN 방송의 경제 자매지인 〈비즈니스 2.0〉이 제시한 '성공 키워드' 중에 '다른 사람을 배려하라'가 있다. 성공하기 위해서는 다른 사람에 대한 배려, 즉 타인을 행복하고 윤택하게 하는 행동이 필수적인 요소라는 점을 이윤 추구만을 최고의 미덕으로 삼고 있는 치열한 비즈니스 세계에서도 인정한다니 매우 흥미롭다.

제1 기술은 자연에도 그대로 적용된다. 이스라엘 성지 순례를 다녀온 사람은 이스라엘 성지에 바다가 두 개 있다는 사실을 안다. 하나는 갈릴리 바다이고, 다른 하나는 사해다.

갈릴리 바다는 받은 것보다 많이 베풀고 나누어 흘려보내는 바다이다. 점점 더 많은 생명체들이 살면서 풍족한 삶을 누린다. 주변의 모든 동물들과 사람들까지 행복하고 윤택하게 하는 바다이다. 갈릴리 바다는 매우 풍요롭고 생명력이 넘치는 바다이다. 타인을 행복하고 윤택하게 할수록 자신이 더 행복해지고 성공하게 된다는 이치가 자연에도 그대로 적용된다.

다른 바다인 사해는 정반대이다. 요르단 강의 신선한 물을 받기만 하고 흘려보내지 않는 사해에서는 어떠한 베풂과 나눔도 일어나지 않는다. 어떠한 생명체도 살지 못하고, 급기야 죽은 바다가 되었다.

우리 삶에도 똑같이 적용된다. 남에게 많이 베풀고, 남을 윤택하게 해주는 사람이 결국에는 보다 많이 윤택해지고 행복해진다. '다른 누군가의 길을 밝혀 주기 위해 등불을 켜면 자신의 길도 밝히게 된다'고 말한 벤 스위트랜드의 말처럼, 다른 누군가의 성공을 돕기 위해 살아가면 결국 자신의 성공을 돕는 일이 된다는 점을 명심하자.

'다른 사람이 원하는 것을 가질 수 있게 돕는다면 당신도 모든 것을 가질 수 있다. 다른 사람을 돕는 자가 가장 높이 올라간다'라고 말한 조지 매튜 아담스처럼, 다른 사람이 원하는 것을 가질 수 있도록 도와주는 삶을 살 때 우리는 원하는 것을 더욱 쉽고 확실하게 가질 수 있다.

반세기 동안 전 세계적으로 베스트셀러인 《생각하라, 그러면 부자가 되리라》의 저자인 나폴레온 힐은 분명하게 말하고 있다.

"인생의 진정한 부란 그것을 나누어 받는 사람들이 누리는 이익의 정도에 따라 정확한 비율로 증가한다. 이것이 사실이라는 것은 내가 100퍼센트 증명할 수 있다. 나 자신이 나누어 줌으로써 부자가 되었기 때문이다. 내가 누군가에게 이익이 되는 일을 하면, 그 대가로 무엇이든 어떤 식으로든 남에게 나누어 준 것보다 열 배나 많이 거둘 수 있었다."

바로 이것이 정답이다. 부자가 되고 싶다면 명심해야 한다. 모든 부는 타인을 행복하고 윤택하게 하는 방법을 통해 더욱더 가치를 지니게 되고, 오히려 증식한다. 즉시 사용하지 않고 축적만 하는 부는 말라 버려서 작아진다. 남에게 베풀면 증식된다는 법칙을 우리는 명심하고 반드시 실천하도록 하자. 그것이 부자가 되는 길이고, 행복해지는 길이다.

한 사람이 이룬 성과의 크고 작음은 대체로 얼마나 많이 베풀었느냐에 정비례한다. 이 원리를 제대로 알고 있는 사람만이 큰 부자가 될 수 있고, 성공할 수 있다. 이기적인 욕심만 가진 사람들은 아무리 돈을 쫓아도 달아나게 되어 있다. 진정 이타적인 사람들에게는 돈이 모여들고 찾아온다.

인생은 부메랑과 같다

....

'당신이 나누어 주지 않은 것은 진정 당신 것이 될 수 없다'고 C. S. 루이스가 말했다. 나누어 주지 않고 움켜잡은 재산은 썩어서 아무도 사용하지 못하는 폐물이 될 수밖에 없다. 인생은 부메랑과 같아서 무엇을 던지든 결국 자신에게로 되돌아온다. 세계적인 대부호들의 철학은 '먼저 베풀라', '사람은 사랑하고, 돈은 쓰라'이다. 돈은 결코 움켜쥐고 있다고 버는 것이 아니다. 잘 쓸 때 돈을 번다.

한 가지 절대 빼놓을 수 없는 철학은 '진정한 부는 돈이 아니다'는 것이다. 이러한 철학을 가진 자들이 이상하게도 세계적인 대부호가 되었다. 이들은 누구보다도 돈으로 살 수 있는 것과 살 수 없는 것을 잘 구별한다.

돈으로 '집'은 살 수 있지만, '(화목한) 가정'은 살 수 없다.
돈으로 '침대'는 살 수 있지만, '(고된 노동 후에 오는) 쾌적한 수면'은 살 수 없다.
돈으로 '수많은 책'은 살 수 있지만, '(인생에서 가치 있는) 지식'은 살 수 없다.
돈으로 '유명한 의사'는 살 수 있지만, '(소중한) 건강'은 살 수 없다.
돈으로 '섹스'는 살 수 있지만, '(따뜻한) 사랑'은 살 수 없다.

돈으로 '지위'는 살 수 있지만, '(진심 어린) 존경'은 살 수 없다.

돈으로 '비싼 시계'는 살 수 있지만, '(소중한) 시간'은 살 수 없다.

돈으로 살 수 없는 정말 중요한 것들 대부분을 살 수 있는 방법이 있다. '나눔'과 '베풂'이다. 건강한 인간관계, 즉 성공과 행복의 제1 기술인 '남을 행복하고 윤택하게 하라'는 것이다.

남을 행복하고 윤택하게 하는 사람은 자신의 가족들에게도 동일하게 최선을 다해 헌신하고 사랑을 베푼다. 그 가정은 다른 어떤 가정보다 화목한 가정을 이룰 수 있다. 남을 행복하고 윤택하게 하는 사람은 인생에서 가치 있는 것들이 무엇인지, 그 과정을 통해 배우게 된다. 베풀고 행복하게 하는 과정을 통해 자신이 행복해진다. 행복감은 결국 자신의 몸에도 영향을 주어 건강해진다. 행복한 사람이 그렇지 못한 사람보다 건강하고 오래 산다는 연구 결과가 있다.

남을 윤택하고 행복하게 하는 사람은 주위 사람들로부터 따뜻한 사랑과 존경을 받게 된다. 자신에게 도움을 받은 수많은 사람들이 각계각층에서 도와주고 협력해 준다. 어떤 일을 추진할 때 예상치 못한 도움을 받아 소중한 시간을 절약할 수 있다.

남에게 대가를 바라지 않고 베푸는 일은 반드시 더 큰 보답으로 돌아온다. 성공과 행복의 제1 기술이다. 무엇인가 대가를 바라고 보답을 기대하며 베푸는 사람이 되어서는 안 된다. 타인을 자신처럼 생각하고 행복하게 해주면 자신도 큰 행복을 느끼게 된다. 아깝다고 생각하지 말고 베풀며 나누어 주기 바란다.

인간은 크게 두 종류로 나뉜다. 한 종류는 남에게 베풀기를 싫어하여 구두쇠처럼 인색하고 절대 손해 보지 않는 사람이다. 다른 한 종류는 기꺼이 손해 보고, 남에게 베풀며, 자신의 것을 내놓는 사람이다. 필자는 두 종류의 사람들을 수십 년 동안 지켜보아 왔다. 과연 어떤 사람들이 윤택한 삶을 살고, 어떤 사람들이 궁핍한 삶을 살고 있을까?

자신의 손에 들어온 것은 절대로 남에게 양보하지 않는 구두쇠는 지금 매우 궁핍하게 살고 있다. 자신이 기꺼이 손해를 보면서까지 양보를 마다하지 않던 사람들은 이상하게도 매우 윤택한 삶을 살고 있다. 능력이나 직장이 다른 사람이 아니다. 필자가 다니던 회사에서 함께 신입사원으로 만난 입사 동기생들이다. 회사나 능력이 모두 엇비슷하다. 하지만 한쪽은 매우 궁핍한 삶을 살고 있고, 다른 한쪽은 매우 윤택한 삶을 살고 있다. 과연 왜 그럴까? 원인은 무엇일까? '부의 파레토 법칙'에 집중해 보면 이해가 될 것이다.

'부의 파레토 법칙'이란 부자들은 자기 돈의 80%를 의미 있고 가치 있는 곳에 쓴다는 내용이다. 부자들은 생명력을 가지고 살아 있는 돈에 80%를 쓴다. 나머지 20%를 자신의 삶과 향락, 가치가 없는 일에 쓴다. 생명력 없이 죽어서 단순히 소비하는 곳에 20%를 쓴다는 것이다.

돈을 쓰는 방식의 차이가 부자와 빈자의 차이를 만든다.

가장 가치 있고 생명력 있는 것은 타인에게 나누어 주고 베푸는 돈이다. 주식이나 부동산 투자는 환경과 경기 흐름에 따라 자산 가치에 어느 정도 한계가 있다. 하지만 타인에게 나누어 주고 베푸는 돈은 그 돈의 100배, 1,000배의 가치가 있는 것으로 보답받을 수 있다. 도저히 기존의 주식이나 부동산 투자 같은 것과 비교할 만한 차원이 아니다. 그 이상이다.

타인에게 언제나 베풀고 나누어 주는 부자들이 위기 상황에서 돈하고 바꿀 수 없는 생명을 구하게 되는 경우가 흔하다. 그만큼 남에게 베풀어 주는 돈을 자산 가치로 따지자면 가장 으뜸이다.

투자수익률을 따져 보자. ROI Return on Investment라고 부르는 투자수익률은 우리가 100만원을 각각 저축, 주식, 부동산에 투자하여 1년 후, 5년 후, 10년 후에 얼마나 돈을 불릴 수 있느냐 하는 것이다. 지금까지 세계 최고 부자들은 투자수익률이 높은 종목을 선택했다. 한 가지 명심해야 하는 것은 수익률이 높은 곳은 언제나 위험률도 높다는 사실이다.

투자수익률에서도 가장 으뜸은 남에게 베풀고 나누어 주는 것이다. 왜일까? 많이 베풀수록 더욱 많은 것이 들어오고, 많이 가질수록 더욱 많은 것이 나간다. 큰돈이 큰돈을 벌고, 적은 돈이 적은 돈을 번다. 남에게 베풀면 더욱 많이 흘러 들어온다. 어떻게 보면 너무나 당연한 법칙이지만, 아무나 쉽게 실천할 수는 없다. 실천하기 위해서는 돈의 주인이 되어야 한다. 돈을 만만하게 생각할 줄 알아야 하고, 돈을 그냥 돈 그대로 바라보는 배짱과 사고방식이 필요하다. 세계 최고의 갑부일수록 자신의 전 재산을 사회에 환원하는 사람들이 많은 이유이다.

가난한 사람일수록 돈의 노예가 되어 돈을 위해 자신의 모든 것을 포기하는 사람들이 많다. 부자는 돈이 흘러 들어오게 만들지, 돈을 쫓아가지 않는다. 가난한 사람이 돈을 쫓아다닌다.

참다운 행복은 이기적이지 않다

우리가 명심해야 할 하나는 '참다운 행복과 성공은 결코 이기적이지 않다'는 점이다. 행복과 성공이 자신만을 위하고 자신에게만 좋다면 한 번쯤 재고해 봐야 한다. 참다운 행복과 성공이 아닐 수 있다. 참다운 행복과 성공은 무엇보다 타인을 위한 배려와 좋은 관계 속에서 빛이 나고 형성된다. 자기 혼자만의 성공과 행복은 거짓 행복이고, 거짓 성공일 공산이 매우 크다. 행복과 성공이 자기 혼자만의 노력과 열정, 재능으로 가능하지 않기 때문이다. 행복과 성공은 결코 배타적이지 않다. 오히려 이타적이다.

자신의 기쁨을 두 배로 키우는 가장 쉬운 방법은 타인과 함께 나누는 것이다. 자신을 통해 타인도 기쁘게 하는 방법이기도 하다. 타인에게 기쁨을 주고 행복을 나누면, 타인의 기쁨과 행복을 통해 자신의 기쁨과 행복이 두 배로 늘어나는 놀라운 현상이 발생한다. 이러한 현상을 누구보다 잘 아는 사람들이 성공하고 열정적인 삶을 살았다.

조지 버나드 쇼는 매우 열정적이며 성공적인 삶을 살았던 인물임에 틀림없다. 그는 이러한 현상을 분명하게 알고 있었다.

"성공한 사람들은 자신들이 원하는 관계를 찾는다. 만약 그 관계를 찾지 못하면 스스로 그 관계를 만들어 낸다."

그는 노벨 문학상을 수상한 아일랜드의 소설가 겸 극작가이면서 비평가였다. 그는 결코 성공을 혼자만의 노력으로 이루었다고 생각하지 않았다. 자신이 원하는 관계를 찾거나 스스로 만들어 내야 성공이 가능하다는 사실을 누구보다 잘 알고 있었다.

행복과 성공은 태어날 때부터 쌍둥이인 셈이다. 참된 행복과 성공은 자기 자신만의 고유한 전유물이 아니라, 타인과 함께 나누어야 하는 것이기 때문이다. 나누는 과정을 통해 하나가 아니라 둘이 되고, 넷이 되고, 여덟이 된다.

행복과 성공은 에고, 즉 자아의 한계를 뛰어넘은 사람만이 진정으로 맛볼 수 있는 경지이다. 참된 행복과 성공은 결코 외형적인 돈이나 권력, 사회적 지위가 아니다. 훨씬 더 크고 가치 있는 것이다. 훨씬 더 영속적이다. 훨씬 더 관계 지향적이다. 훨씬 더 인간적이다. 훨씬 더 의미 있는 것이다.

환하게 웃는 아기와 함께 단 몇 분을 있어 보라. 그 순간에 얼마나 큰 환희와 감동과 기쁨을 누릴 수 있는지 말이다. 서로 격려하고, 사랑하고, 베풀고, 나누는 인간관계에는 아기와 함께 있을 때와 같은 환희와 감동과 기쁨을 동일하게 누릴 수 있는 조건이 형성된다. 크나큰 에너지가 내면에서 샘솟게 하는 원동력이 아닐 수 없다.

'인간의 행복은 90%가 인간관계에 달려 있다'라고 말한 쇠렌 키르케고르의 말이 더욱더 마음에 와 닿는다. 솔로몬의 말처럼 '남에게 베풀기를 좋아하는 사람이 부유해지고, 남에게 마실 물을 주면 자신도 갈증을 면하게 된다.' 존 M. 템플턴의 표현을 빌리자면 '선을 행하는 자가 성공하게 되고, 베풀수록 성장한다.'

이 장에서 말하는 핵심 기술의 근저에 깔려 있는 위대한 법칙이며 성공의 원리는 바로 앤드류 카네기의 말이다.

"아무리 위대한 사람일지라도 다른 사람의 협력 없이 실력을 발휘할 수는 없다."

아무리 위대한 성공일지라도 자신만의 능력만으로 이루어진 성공은 존재하지 않는다는 의미이다. 어떤 성공이라도 반드시 다른 사람들의 수많은 도움과 협력을 통해 이루어진다. 전쟁터에서 위대한 장군이 되기 위해서는 반드시 수많은 사병들의 용기와 헌신이 필요한 것과 마찬가지이다.

현대 사회에는 세 가지 종류의 인재가 있다. 첫 번째 인재는 자신의 실력과 능력만을 믿고 실력으로 정면 승부를 하는 인재이다. 두 번째 인재는 자신의 실력과 능력보다는 타인과의 관계를 소중히 여긴다. 타인과의 영향력을 자신의 실력과 능력보다 크게 인식하는 관계 지향적인 인재이다. 자신의 실력과 능력을 꾸준히 향상시키면서도 인간관계를 소중히 여기는 양립형 인재이다. 마지막 세 번째 인재는 자신의 실력과 능력보다는 오직 타인과의 관계나 인맥을 최고로 여기며 이미지 관리에만 집중하는 인재이다. 과거에는 권력이 집중되어 있어서 누가 뭐래도 권력을 가진 한두 사람의 눈에 띄기만 하면 성공이 보장되었다. 지금은 권력이 분산되어 한두 사람의 눈에 띈다고 해도 여러 가지 걸림돌이 많다. 최근 고위직에 내정된 사람이 과거에 말한 내용이 화근이 되어 결국 고위직에 오르지도 못하고 쫓겨나는 경우도 발생했다.

현대에는 권력이 분산되어 있고 인터넷과 방송, 신문 등 매스컴의 영향을 무시할 수 없어 오로지 실력과 이미지만으로 성공하는 경우는 절대 없다. 특히 공직으로 나가고자 하는 사람은 자녀들의 군 문제와 아내의 생활까지도 흠 잡을 데 없어야 한다. 그야말로 자신의 이미지 관리는 말할 것도 없고, 가족들의 이미지 관리도 매우 중요하다.

현대에 성공하는 타입의 인재는 두 번째 인재이다. 세 번째 인재는 운이 좋아서 성공한다 해도 오래 버티지 못한다. 자신의 실력과 재능을 부단히 향상시키고 준비하면서도 인간관계를 잘 만들어 놓아야 한다.

타인을 행복하고 윤택하게 하고자 하는 것은 비단 자신이 행복하고 윤택하게 되기 위해서가 아니다. 그 자체로 자신의 삶이 행복해지고 윤택해지기 때문이다. 성공하는 사람들은 누구를 만나더라도 반드시 먼저 베풀고, 나누어 주고, 배려하고, 칭찬하고, 격려하는 사람들이다. 그만큼 생각과 베푸는 마음이 누구보다도 넓다. 성공하는 사람들 대부분은 자신의 넓이만큼 성공하게 되어 있다. 자신이 사장 수준의 넓이라면 그만큼 성공하고, 회장 수준의 넓이라면 정확히 그만큼 성공한다.

재능 있고, 능력 있고, 꿈이 있고, 열심히 사는 사람들이 혼자만의 힘으로 이루어 낸 듯 보이는 성공도 반드시 수많은 다른 사람들의 도움과 협력을 통해 이루어졌다. 재능과 목적에만 크게 영향받을 것처럼 보였던 성공도 타인과의 관계를 통해 이루어진다. 하물며 행복은 어떨까?

'성공의 80%가 타인의 도움과 협력에 의해 이루어진다'고 한다면, '행복은 90% 이상이 타인과의 좋은 관계 속에서 이루어진다'고 말할 수 있다. 행복이란 큰 부와 명예를 획득하고 오랫동안 갈망하던 목적이 달성되었다고 획득할 수 있는 것이 아니기 때문이다.

'행복은 어쩌다 한번 주어지는 큰 재산이 아니라, 일상생활에서 일어나는 작은 이익으로 이루어진다'는 벤저민 프랭클린의 말에 전적으로 동감한다. 필자는 여기에 한 가지를 추가 하고 싶다. 행복은 일상생활에서 만나는 수많은 사람들과 주고받는 사랑, 관심, 배려, 칭찬, 격려, 나눔, 베풂을 통해 완성된다는 것이다. 링컨 대통령의 표현대로 '대부분의 평범한 사람들은 행복해지겠다고 결심하는 순간 행복해진다.' 행복은 지금 이 순간 우리가 만나는 사람들에게서 발견할 수 있다.

아주 행복한 사람과 덜 행복한 사람의 차이

··

긍정 심리학을 선도하는 심리학자들은 '아주 행복한 사람들'과 '덜 행복한 사람들'을 비교 관찰하여 하나의 결론에 도달하였다. '풍부하고 만족스러운 인간관계의 존재 유무'가 그 차이를 결정하는 유일한 요인이라고 한다. 아주 행복한 사람들 주위에는 함께 기뻐하고 즐거워해 줄 친구와 가족, 이웃이 있다는 것이다. 다른 사람들을 기꺼이 도와주고, 행복하게 해주고, 윤택하게 해주면 자신을 더욱더 행복하게 해주고, 윤택하게 해주고, 도와주는 것이 된다.

타인을 행복하고 윤택하게 해주면, 그 자체로 자신에게 의미와 즐거움이라는 두 가지 보상이 모두 충족된다. 행복의 참된 요건은 의미와 즐거움이다. 타인을 행복하고 윤택하게 해주면 자신이 더욱 행복해지는 이유이다.

행복과 성공의 제1 기술은 중국의 고전에서도 살펴볼 수 있다. 동양의 성자로 평가 받고 있는 공자는 무엇보다 인仁을 중시했다. 공자가 인의 실천 방법으로 주장하는 여러 가지 방법들 중에 하나가 제1 기술과 일맥상통한다. 그는 논어에서 다음과 같은 말을 했다.

"내가 출세하기를 원하거든 남을 먼저 출세시켜 주라己欲立而立人 己欲達而達人."

자신이 출세하고자 한다면 먼저 남을 출세시켜 주어야 한다. 자신이 명예롭고자 한다면 먼저 남을 명예롭게 해야 한다. 자신이 이롭고자 한다면 먼저 남을 이롭게 해야 한다.

이상하게도 성공한 사람들은 대부분 남을 도와줄 때 대가를 바라지 않는다. 더욱 이상하게도 남을 도와주면 반드시 자신에게 돌아온다. 그것도 보다 좋게, 보다 많이 말이다. 남에게 베풀고 나누어 주면 자신에게 베풀고 나누어 주는 것과 같다는 사실을 깨닫고 명심하여 실천해 보라. 당신의 인생이 180도 달라질 것이다.

실천을 해도 인생이 달라지지 않았다면 연락을 하기 바란다. 당신의 성공과 행복을 위해 할 수 있는 일이라면 무엇이든 해주겠다. 당신이 필자의 도움을 통해 성공한다면 나 또한 성공하기 때문이다. 당신이 도움을 통해 행복해진다면 나 또한 행복해지기 때문이다.

자연 법칙 중에 가장 중요한 법칙 중 하나가 무엇일까? 바로 작용과 반작용의 법칙일 것이다. 내가 준 것은 반드시 내게 되돌아온다. 이러한 자연의 법칙이 이번 장의 토대를 이루는 원리이다.

"남을 위하는 것이 곧 나를 위하는 것과 같다爲彼猶爲己也."

묵자가 한 말이다. 남에게 행복을 주는 자는 자신이 행복해진다. 남에게 악을 행하면 자신이 그대로 받는다. 남에게 냉정하게 대하면 자신이 냉정함을 받는다. 남에게 모질게 하면 결국 자신이 모질게 당한다. 남을 용서하지 못한 자는 결국 자신도 용서를 받지 못한다.

"우리의 삶은 우리가 남에게 준 것만을 정확히 그대로 돌려준다."

우리는 남에게 좋은 것을 주어야 한다. 남에게 나쁜 것을 주려면 우리가 그 나쁜 것을 접해야 한다. 남에게 재를 던지기 위해서는 무조건 그 재를 손에 묻혀야 한다. 남에게 행복을 주기 위해서는 무조건 행복이 무엇인지 알아야 한다. 알게 되는 과정에서 우리는 행복과 친해질 수 있고, 행복할 수 있다.

남을 윤택하게 하기 위해 많이 베풀면 더 많은 물질이 우리에게 몰려들게 되어 있다. 마치 타인의 길을 밝히기 위해 등불을 들어 주면 우리의 길도 밝히게 되듯이 말이다. 이것이 자연의 법칙이며 이치이다.

돈이 없다고 해도 행복을 베풀고, 친절을 베풀고, 용서를 하고, 격려를 하고, 칭찬을 할 수 있다. 사소한 것들이라도 실은 돈보다 훨씬 큰 가치를 품고 있음을 알아야 한다. 돈으로는 정작 중요한 것을 못 사기 때문이다.

"행복과 성공은 자신의 생각으로 시작하지만, 완성은 타인의 협력과 도움으로만 가능하다."

우리는 자신보다 먼저 남을 행복하고 윤택하게 해야 한다. 그것이 성공과 행복의 최고의 스위치며 기술이다.

"타인을 행복하고 윤택하게 하면 우리가 행복해지고 윤택해진다."

우리에게서 나간 것은 반드시 우리에게 다시 돌아온다. 무엇이든 말이다. 이러한 사실을 동양과 서양의 고전을 통해 살펴보고 이 장을 마무리하고자 한다.

"너에게서 나간 것은 너에게로 돌아온다出乎爾者反乎爾者也." – 맹자
"남에게 주어라. 그리하면 너희도 받을 것이다." –《성경》

성공과 행복의 기술 2

거안사위

- 居安思危 -

• • •

사람은 자신이 생각하는 대로 된다.
- 제임스 앨런

세상에 좋고 나쁨은 없고, 그렇게 생각하는 사람만 있다.
- 셰익스피어

작은 생각만큼 성취를 제한하는 것도 없다.
자유로운 생각만큼 가능성을 확장하는 것도 없다.
- 윌리엄 아서 워드

사람을 성공시키거나 파멸시키는 것은 다름 아닌 그 자신의 생각이다.
- 제임스 앨런

행복한 사람과 불행한 사람의 차이는 그들이 처한 환경에 있는 것이 아니라,
그들의 마음가짐에 있다.
- 애덤 잭슨

인생은 우리가 하루 종일 생각하는 것으로 이루어져 있다.
- 랠프 왈도 에머슨

생각할 수 있는 것은 모두 실현 가능하다.
- 알버트 아인슈타인

위대한 생각을 길러라.
우리는 어떤 일이 있어도 생각보다 높은 곳으로 오르지 못한다.
- 벤저민 디즈레일리

우리는 동물과 다른 존재이다

....

우리는 동물과 다른 존재이다. 정글의 법칙은 동물들에게만 적용되어야 한다. 우리는 우리들의 법칙대로 살아야 한다. 정글의 법칙은 약육강식이다. 강한 자가 약한 자를 잡아먹는다. 우리들의 법칙은 동물들의 법칙보다 한 차원 높다. 동물들은 생존이 최대의 목적이고 목표이다. 동물들에게는 생존에 필요한 것만 부여되었다. 인간은 생존만이 최대의 목표나 목적이 아니다. 인간은 그저 생존만 하게 되면 비참함을 느끼고, 우울증에 빠지고, 불행하게 된다. 동물들의 방식인 정글의 법칙은 우리 인간의 법칙이 아니다.

인간을 인간답게 해주는 참다운 법칙은 상대를 존중하는 것이다. 반드시 물질적인 것만이 남을 행복하고 윤택하게 해주는 효과를 발휘하지는 않는다. 우리 마음속에서 우러나오는 진심 어린 존중은 상대방으로 하여금 그 무엇과도 바꿀 수 없는 에너지와 감동과 힘이 솟아 나오게 하는 일종의 원동력이다.

존중받는다고 느끼는 직원들은 그렇지 못하다고 느끼는 직원들에 비해 수익성과 생산성이 훨씬 높아진다. 어느 시장 조사 회사는 설문 조사를 통해, 존중은 수익성에 직접적으로 영향을 미치는 중요한 요인이라는 결과를 보고한 바 있다. 우리 인간은 존중받고 인정받으면 엄청난 에너지와 능력이 내면에서 솟아난다. 그로 인해 존중받을 때와 받지 못할 때의 생산성에 급격한 차이가 드러난다.

존중받는 종업원들이 있는 기업은 그렇지 못한 기업보다 세 배 이상 많은 수익을 내고 있다. 존중받는 종업원들은 책임감이 강해지고, 결근과 이직이 눈에 띄게 줄어들기 때문이다. 직책에 상관없이 커뮤니케이션 능력이 향상되고, 일에 대한 집중력과 의욕이 향상되기 때문이다. 팀워크가 향상되고, 갈등이 줄어들기 때문이다.

존중받는다고 느끼는 사람들의 뇌와 그렇지 못한 사람들의 뇌를 촬영해 보면 크나큰 차이가 있다. 존중을 느끼는 사람들은 모든 뇌의 부위가 제 기능을 다한다. 뇌가 잘 기능하기 위해 반드시 필요한 혈액의 양을 통해 알 수 있다. 존중받는 사람은 뇌의 전 기능이 원활하게 잘 돌아간다. 모든 것이 물이 흐르듯 순조롭게 잘 진행되면서 외부로 발산된다. 타인에게도 그대로 전달되어서 팀워크가 향상된다. 활력이 넘치고 여유가 있으며 능력이 최대한 발휘된다.

인정받지 못하는 사람들의 뇌 속에서는 결정적으로 혈액의 양이 급격하게 감소한다. 뇌의 많은 부분이 제 기능을 다하지 못하게 된다. 그야말로 혼란스러운 상태가 뇌 속에서 일어난다. 모든 지적 기능과 판단력, 기억력 등이 감소하고, 쉽게 분노와 좌절을 느낀다. 초조감과 우울함을 느끼게 되어 타인과의 관계에서도 쉽게 마찰이 일어난다. 팀워크는 당연히 힘들어지고, 그 회사는 망하기 십상이다.

미국 노동부의 자료에 따르면, 직원들이 직장을 떠나는 제일 큰 이유가 존중의 결여라고 한다. 우리 인간은 본능적으로 존중 스위치의 위력을 알고 있다. 존중받지 못하는 회사에서는 자신의 재능과 무한 에너지가 절대 형성되지 못한다. 당연히 자신을 존중해 주는 회사를 찾아서 떠나게 되는 것이다.

수많은 기업들은 인재를 찾아서 지구 반대편까지 가는 수고를 마다하지 않는다. 아무리 어렵게 찾은 인재라도 제대로 존중해 주지 못하는 기업 문화 속에서는 재능을 최대한 발휘할 수 없다는 사실을 기업들은 명심해야 한다. 기존에 있는 직원들을 제대로 존중해 주는 기업 문화가 없다면, 우선 존중하는 기업 문화를 먼저 만들고 정착시키기 위해 노력해야 한다.

직원들을 인정해 주고 존중해 주는 회사가 그렇지 못한 회사에 비해 자기자본수익률과 자산수익률, 영업 마진 모두에서 3배 이상 높은 수치를 나타냈다. 미국의 시장 조사 회사인 잭슨 오거나이제이션^{Jackson Organization}이 발표한 조사 결과다. 요컨대 직원들을 존중하지 않는 기업은 성공할 수 없다. 직원들에게 존중이라는 귀한 가치를 나누어 주고 베풀 줄 아는 기업은 반드시 성공한다. 기업에도 성공과 행복의 제1 기술인 '타인을 행복하고 윤택하게 하라'는 기술이 그대로 적용된다.

이제 수많은 전문가들과 기업 경영자들이 성공을 위한 새로운 패러다임으로 '존중'을 꼽게 되었다. 존중은 상대방에게 무한한 가치와 기대와 존경을 선사해 주는 행위이다. 과거의 권위주의만으로는 성공적으로 기업을 경영할 수 없다는 사실을 깨닫기 시작했다. 관리나 원칙만으로 더 이상 직원들이 자발적으로 움직이지 않는다는 사실도 알게 되었다. 무엇보다 직원들에게 무한한 가치와 기대와 존경을 나누고 베풀고 선사해야 한다.

우리 인간의 최대 목적과 목표는 보다 나은 삶을 만들어 나가는 것이다. 그냥 생존하는 것은 가장 낮은 단계의 삶이라고 할 수 있다. 가장 높은 단계의 삶은 나를 헌신하여 타인을 행복하게 해주고, 도와주고, 사랑을 나누고, 베풀어 주는 삶이다. 우리는 이때 가장 큰 행복과 만족감과 충만함을 느낀다.

생물학적 사이클 전환이라는 원리

....

삶이 비참하고 슬퍼서 견딜 수 없어 하던 우울증 환자가 있었다. 그저 생존하고만 있었다. 의사가 환자에게 빈민촌에 가서 타인을 위해 봉사하고, 도와주고, 헌신하라고 조언했다. 환자는 어쩔 수 없이 의사의 말대로 빈민촌에 가서 봉사를 하게 되었다. 그러자 오랜만에 생기가 돌고, 활력이 넘치며, 기분이 좋아지고, 상쾌함을 느꼈다고 한다. 그 환자는 다음과 같은 말을 했다.

"남을 위해 봉사한 오늘이 내 인생 최고로 행복한 날이구나. 이렇게 상쾌한 기분이 도대체 뭘까? 이것이 행복인가? 행복이 있다면 아마 이런 것이겠지!"

그 환자는 우울증도 완치되었고, 누구보다 행복하고 충만한 삶을 살았다고 한다. 바로 이것이 행복과 성공의 길이 아닐까? 너무 멀리서 행복과 성공을 찾아서는 안 된다. 행복과 성공의 길은 우리 마음속에 있다. 우리가 행복해질 수 있는 가장 큰 씨앗은 타인을 먼저 배려하고 행복하게 해주려는 마음이고 생각이다.

행복해지고 싶다면 먼저 생각부터 바꿔라. 이것이 행복의 비밀이다.

생각을 바꾸어 세상의 모든 것을 용서하고, 현재의 자신을 그대로 인정하고 받아들이라. 그 순간 이 세상에서 가장 행복한 사람이 자신임을 발견하게 될 것이다.

누군가에 대한 분노와 원망이 있는가? 분노와 원망이 당신으로 하여금 행복한 사람이 될 수 없는 명확한 조건과 이유를 제시하고 있다. 행복해지고 싶다면 타인을 위해 먼저 용서해 보라. 타인을 위한 용서가 자신에게 돌아와서 그동안의 어리석음을 용서받게 된다. 누구보다 자유롭게 되고, 누구보다 행복해질 수 있을 것이다.

왜 타인을 행복하고 윤택하게 하면 행복해지는 것일까? 지금까지 수많은 사례와 연구 결과를 살펴보았지만, 좀 더 과학적으로 살펴보자.

인간은 진동을 가지고 있는 동물이다. 우리 뇌에서는 뇌파라는 진동이 항상 일어나고 있다. 심장에서는 심장 박동이라는 진동이 항상 일어난다. 심지어 우리가 하는 행동을 통해서도 직접적으로 진동이 일어난다. 우리가 느끼는 기분도 진동을 가지고 있다. 기분이 어떤지 눈으로 보고 말로 듣기 전에 몸에서 뿜어져 나오는 진동을 통해 먼저 느낄 수 있다. 우리의 생각을 통해서도 진동은 발생한다.

모든 진동은 곧 파동이기 때문에 필연적으로 에너지의 이동이다. 현대 물리학의 두 기둥이 되는 원리 중에 하나인 양자역학과 매우 밀접한 관련이 있다. 양자역학에서는 세상의 모든 것을 에너지라고 가르친다. 세상의 모든 것은 전자들의 덩어리에 불과하며, 그 전자들의 덩어리는 에너지라는 주장이다.

에너지는 다른 말로 진동, 즉 파동이다. 진동은 비슷한 진동을 불러들인다는 유유상종의 법칙, 또는 끌어당김의 법칙이라는 특성을 가지고 있다. 《시크릿》과 같은 부류의 성공학 도서들이 한결같이 주장하는 끌어당김의 법칙의 토대가 되는 근본 원리가 양자역학에서 주장하는 파동설이다.

파동설의 특성을 가장 잘 나타내 주는 현상 중에 하나가 시계 진자의 진동 일치 현상이다. 진자시계의 발명자인 크리스티앙 호이겐스는 17세기에 진자시계들이 하나같이 동일하게 움직이는 현상을 발견하였다. 그는 일부러 다른 진자시계들의 진자들을 다르게 움직이도록 만들어 보았다. 그는 가장 큰 리듬으로 움직이는 진자의 박자대로 모든 시계들이 일치하는 현상을 발견하였다. 과학적 용어인 '생물학적 사이클 전환'이라고 불리는 현상이다.

생물학적 사이클 전환 현상은 다양한 분야에서 다양한 경우에 발견되었다. 심지어 우리 인간의 복잡한 사회생활 속에서도 나타났다. 누군가 슬퍼서 울면 그 주위에 있는 사람들마저 아무 이유도 없이 슬퍼져서 울게 되는 현상을 누구나 한 번쯤은 경험해 봤을 것이다. 이것이 생물학적 사이클 전환 현상이다. 슬픔뿐만 아니라 기쁨도 동일하게 작용한다. TV의 코미디 프로를 보면 큰 웃음소리가 배경 음악처럼 자주 들린다. 누군가 웃는 사람 옆에 있거나 웃음소리를 들으면 그 진동을 통해 잘 웃게 되기 때문이다.

누군가에게 친절을 베풀면 결국 하나의 사이클처럼 전환되어 다시 친절로 되돌아온다. 누군가에게 화를 내면 사이클처럼 전환되어 다시 화로 되돌아온다. 누군가를 행복하게 하면 사이클처럼 전환되어 우리에게 다시 행복이 되돌아온다. 누군가를 용서하면 다시 사이클처럼 전환되어 용서를 받게 된다. 학생들과 자녀들을 인정하고 사랑하면 반드시 같은 것들로 보답을 받는다. 신뢰하고 인정하고 사랑해 주는 만큼 자녀들과 학생들은 동일하게 보답을 해서 훌륭하게 잘 성장한다. 우리가 누군가에게 준 것은 무엇이든 반드시 되돌아온다.

생물학적 사이클 전환 현상은 사람과 사람, 기계와 기계끼리 이루어지는 것만이 아니다. 사람과 물질 사이에서도 일어난다. 우리가 마시는 물에게 '참 고마운 물이구나. 맛있는 물이구나. 고마워'라고 말하면, 그 물은 가장 맛있는 육각수의 결정체로 바뀐다. 신선하고 맛있는 물이 되어서 우리에게 보답한다. 같은 물이라도 '넌 참 맛이 없구나!' 저주하고 싫은 말을 하면, 그 물은 곧 가장 맛이 없는 결정체로 바뀐다.

물만이 그런 것이 아니다. 우리가 키우는 화초도 동일하다. 우리가 칭찬해 주고 감사하는 말을 하면, 그 화초는 어느 때보다 잘 자라고 싱싱해진다. 화초에게 불평하고 저주의 말을 하면 곧 시들고 죽어 버린다. 역시 생물학적 사이클 전환이라는 현상과 원리가 숨어 있다.

"사람이 누군가를 진심으로 돕고자 할 때 어김없이 스스로를 돕게 된다는 사실은 인생이 주는 아름다운 보상이다."

랠프 왈도 에머슨의 말처럼 타인을 행복하게 하면 어김없이 우리 자신이 행복해진다. 타인을 윤택하게 하면 어김없이 우리 자신이 윤택해진다는 사실은 인생이 우리에게 가르쳐 주는 아름다운 진리이며 보상이다.

중국 후한의 13대 196년 역사를 기록한 정사인《후한서後漢書》에 용맹한 장수 마원馬援의 이야기가 나온다. 마원이 수많은 재산을 형제와 이웃에게 나누어 주고 자기는 초라한 차림으로 살았다는 사실을 기록하면서 다음과 같이 말하고 있다.

"무릇 재산을 늘리는 것은 능히 베풂으로써 비로소 의미가 있고(마음의 평정을 얻어 행복하게 되고), 그렇지 않으면 단지 돈을 지키는 노예에 불과하다凡殖貨財産, 貴其能施賑也, 否則守錢虜耳."

돈을 모으는 것보다 중요한 것은 돈을 제대로 쓸 줄 알아야 한다는 내용이다. 돈을 많이 버는 것도 중요하지만, 보다 중요한 것은 타인에게 베풀고 나눌 줄 알아야 한다.

"제 재산의 99% 이상을 살아 있는 동안이나 사망 시점에 자선 단체에 기부하겠습니다."

자기 재산의 99%를 흔쾌히 사회에 환원하겠다고 약속한 미국의 워
렌 버핏을 본받자. 그는 다음과 같은 말도 했다.

"재산을 물려주는 것은 미국의 정신이 아닙니다. 모든 사람에게 돈
을 벌 수 있는 동등한 기회가 골고루 주어지는 것이 바로 미국의 정신입
니다."

워렌 버핏과 빌 게이츠, 멜린다 게이츠는 현재 수백 명의 부자들에게
적어도 부의 50%를 기부하겠다는 서약을 부탁하고 있다. 우리나라의
갑부들 중에서도 재산의 50% 이상을 내놓는 사람들이 나왔으면 하는
바람이 있다. 생물학적 사이클 전환이 작용하여 남을 행복하게 만드는
사람들이 보다 많이 참여할 것이다.

참다운 성공이란?

....

130권의 방대한 인간학 보고서인 사마천의 《사기史記》에는 춘추 시기 정鄭 나라의 자산子産의 성공 스토리가 나온다. 이 스토리의 핵심 교훈은 하나이다.

"손해를 보는 것이 복이다."

자산은 어릴 때부터 항상 손해를 보고 양보하는 능력이 남들보다 탁월했다. 놀이에서 이겨도 고의적으로 졌다고 말하는 경우가 많아서 친구들이 언제나 그를 좋아했다. 어른이 되어 관직에 올랐을 때에도 언제나 양보하고 손해 보는 쪽을 선택하며 살았다. 그는 승상이 되어서도 직접적인 손해가 되는 일이라도 멀리 보는 안목으로 양보하면서 나라를 다스렸다. 그 결과 자신의 나라를 크게 부흥시켰다.

자신이 손해 보지 않겠다는 심리는 성공의 최대 적이다. 성공하는 사람들은 하나같이 자신의 손해라도 너그럽게 볼 줄 아는 도량과 안목이 큰 사람들이다. 눈앞의 이익을 포기할 줄 알고, 조금 손해 볼 줄 알고, 아랫사람이나 타인의 이익을 먼저 챙겨 주는 사람들이다. 성공은 언제나 혼자 능력이 뛰어나서 되는 것이 아니다. 많은 사람들의 지지와 도움이 반드시 필요하다. 성공하는 사람들은 대체로 다른 사람들에게 먼저이익이 돌아가도록 행동한다. 성공하는 사람들은 먼저 다른 사람들의 이익을 구하고 자신의 이익을 구하지 않는다. 눈앞의 이익을 포기할 줄아는 아량과 멀리 내다볼 줄 아는 안목이 성공하는 사람들에게 필수적인 덕성인 셈이다.

이러한 원리는 기업에 그대로 적용이 된다. 1,300년 동안 번영을 누리고 있는 기업이 있다. 일본에 있는 세계 최고 호텔 '호시료칸'이다. 가장 오래되었다고는 해도 연 매출이 약 80억 원 정도로 손색없는 호텔이다. 과연 어떻게 1,300년 동안 몰락하지 않고 번영을 계속 누리고 있을까?

그 비결은 찾아오는 고객들에게 아낌없이 베풀고 최고의 정성을 다하겠다는 서비스 모토인 일기일회一期一會에 있다. 일기일회란 일생에 단한 번뿐인 만남이라는 생각으로 모든 정성과 베풂을 고객에게 다한다는 뜻이다.

수많은 기업들은 효율을 중시한다. 고객들을 위해 서비스를 해도 절대 손해 보지 않고 낭비를 줄이려고 한다. 이 호텔은 그 반대이다. 현대기업들의 지혜와 기술로 평가받고 있는 효율성을 거부하고 아낌없이 베풀기 위해 아예 낭비를 적극적으로 격려하고 있다. 수많은 기업들과 호텔들이 돈이 안 되는 서비스에서 돈이 되는 서비스로 옮겨 갈 때, 호시료칸은 반대로 움직였다. 돈이 안 되어도 고객들이 좀 더 많이 경험하고 체험할 수 있게 했다. 보다 나은 환경에서 풍족하게 호텔을 이용하도록 호텔 곳곳에 낭비 요소를 선택한 것이다.

인근의 시설 좋은 현대식 호텔들이 줄줄이 망했지만, 참된 고객 중심 경영을 한 호시료칸은 1,300년 동안 여전히 독보적인 인기와 호황을 누리고 있다. '조상 대대로 손님에게 최선의 봉사를 하는 것이 호시료칸의 빼놓을 수 없는 경영 철학'이라고 사장은 말한다. 어떠한 불황이 닥쳐와도 호시료칸의 번영을 막을 수는 없을 것이다.

우리나라에서도 비슷한 예를 찾아 볼 수 있다. 부불삼대富不三代라는 말이 있다. 부가 삼대를 넘기 힘들다는 말이다. 그만큼 부를 유지하는 것이 힘들다. 하지만 우리나라에 무려 3백 년간 부를 유지한 가문이 있다. 경주 최 씨 가문이다. 경주 최 씨 가문이 부를 유지할 수 있었던 이유 중에 하나는 타인을 행복하고 윤택하게 했던 것이다.

최 씨 가문은 당시에 팽배해 있던 착취 수준의 지주들과 달리 병작반수제竝作半收制를 도입하였다. 농사를 짓는 사람에게 수확물의 절반을 준 것이다. 그야말로 파격적으로 농사짓는 사람들에게 베풀어 주는 것과 다름없었다. 흉년이 들었을 때는 과감히 곳간 문을 열고 모든 굶어죽는 이들에게 죽을 끓여 먹이도록 하였다. 헐벗은 이들에게는 옷을 지어 입혔다. 소작료를 대폭 탕감해 주기도 했고, 사방 백 리 안에 굶어죽는 사람이 없도록 하였다.

나눔과 베풂을 통해서 경주 최 부잣집은 무려 삼백 년 동안 부를 유지할 수 있었다. 주면 다시 들어온다. 주지 않고 꽉 움켜쥐면 썩어서 재산이 줄어들 뿐이다. 나누는 삶이 진정 성공적인 삶이다. 데일 카네기의 표현을 빌리자면, '부자인 채로 죽는 사람이 세상에서 제일 바보'인 이유이다.

미국의 철학자이자 시인인 랠프 왈도 에머슨은 '자신이 한때 이곳에 살아서 단 한 사람의 인생이라도 행복해지는 것, 그것이 진정한 성공이다'는 명언을 남겼다. 부나 명예만을 좇는 외형적인 성공은 참다운 성공이 아니다. 참다운 성공은 나로 인해 단 한 사람이라도 행복하게 되는 것이다. 나로 인해 행복해진 사람은 결코 그냥 있지 않는다. 나로 인해 행복해지고, 윤택해지고, 이익을 얻은 자들은 내가 성공의 자리로 나아갈 수 있게 중요한 역할을 한다는 사실을 명심하자.

'아무리 위대한 사람일지라도 다른 사람의 협력 없이 실력을 발휘할 수는 없다'고 말한 앤드류 카네기의 말처럼, 우리의 성공은 절대 혼자만의 노력이나 인내, 열심, 열정, 투혼, 성실, 재능 같은 것들로 완성되지 않는다. 반드시 타인의 협력과 지지와 도움이 뒷받침되어야만 성공이 완성될 수 있다.

물이 끓기 위해서는 99도에서 마지막 1도가 결정적으로 좌우한다. 마지막 1도가 부족한 물은 99도가 부족한 물과 다를 바 없이 실패작이다. 마지막 1도라고 해서 사소하게 생각해서는 안 된다. 1도가 부족해서 물이 끓지 않는 것과 99도가 부족해서 물이 끓지 않는 것은 모두 끓지 않는다는 점에서 동일하다.

어떻게 보면 성공이라는 물을 끓이기 위해 마지막 1도가 가장 중요할 수도 있다. 마지막 1도의 역할을 하는 것이 좋은 인간관계이다. 좋은 인간관계를 형성하기 위해서는 언제나 자신이 조금 손해 볼 줄 알아야 한다. 자신이 양보할 줄 알아야 한다. 눈앞의 이익만 탐하고, 멀리 내다보지 못하고, 크게 보지 못한다면 큰 이익을 손해 볼 수밖에 없다. 자신보다 남을 먼저 배려하고, 칭찬하고, 용서하고, 양보하고, 손해 볼 줄 아는 사람치고, 인간관계가 나쁜 사람은 없다. 사회생활에 실패한 사람이 없고, 성공하지 못한 사람이 없다.

제1 원리는 병의 치료에도 그대로 적용된다. 미국이 낳은 가장 유명한 행동 과학자로 평가받은 칼 메닝거 박사는 우울증에 걸린 사람에게 가장 도움이 되는 한 가지 치료 요법에 대해 말해 달라는 질문을 받고 오랜 생각 끝에 다음과 같은 대답을 했다.

"더 심한 우울증 환자를 찾아가 그들을 돕게 하는 것입니다."

놀라운 답변은 〈USA 투데이〉, 〈CNN〉 방송 등을 통해 공개되었다. 그 처방은 매우 놀라운 효과가 있음이 밝혀졌다. 행복해지고 싶고, 성공하고 싶고, 윤택해지고 싶은 사람만이 아니라, 건강해지고 싶은 사람도 자신보다 먼저 타인에게 관심을 돌려야 한다. 자신보다 먼저 타인을 도와주라는 성공과 행복의 제1 기술이 그대로 적용된다.

가장 중요한 행복의 기술은 타인을 도와주고 행복하게 해주는 것이다. 그러면 자신도 행복의 언덕 위에 의연히 서 있음을 느끼게 된다. '우리는 베풀기 때문에, (더 많은 것을) 받는다'고 말한 성 프란체스코의 말 그대로이다. 행복을 베풀면 더 큰 행복을 받는다. 부를 베풀면 우리는 더 큰 부를 받는다. 나누어 주고 베풀면서 살아가자.

성공한 사람과 실패한 사람은 생각이 다르다

《단 하루를 살아도 주인공으로 살아라》의 저자인 오리즌 스웨트 머든은 '1%의 생각의 차이가 인생의 성패를 좌우한다'고 역설하고 있다. 실제로 돈을 많이 버는 사람들과 엄청나게 성공하는 사람들은 평범한 사람들이 해내지 못하는 어려운 일들을 보란 듯이 해내는 사람들이다. 분명 평범한 사람들과는 행동이 다르고, 생각이 다르고, 말이 다르다. 수많은 사람들은 그들의 성공 습관과 성공 행동들만 보고 무턱대고 따라 하려고 노력한다. 습관이나 행동만큼 눈에 잘 보이고 따라 하기 쉬운 것이 없기 때문이다.

하지만 간과하는 사실이 있다. 그러한 행동의 차이, 습관의 차이를 발생시킨 근본적인 원인은 남다른 생각, 즉 생각의 차이라는 점이다. 그것도 큰 차이가 아닌 1% 정도의 작은 생각의 차이가 엄청난 큰 결과로 나타난다. 성공하는 사람과 실패하는 사람은 정확히 1% 정도의 생각의 차이를 보인다. 우리가 살아가면서 겪게 되는 수많은 사건과 사물과 인간관계를 바라보는 1%의 차이가 엄청난 습관의 차이, 행동의 차이로 확대되면서 성공과 실패를 나눈다.

소가 수레를 이끌듯 작은 생각들이 우리를 이끈다. 여기서 우리가 간과해서는 안 되는 것이 하나 있다. 성공을 원한다면 1% 정도 다르게 생각하면 된다. 하지만 위대한 업적을 달성하고자 하는 사람이라면 그것으로는 부족하다. 크고 위대한 생각을 해야 한다. '인간도 날 수 있다'는 위대한 생각이 비행기를 만들었고, '인간이 달에 갈수 있을 것이다'는 위대한 생각이 우주선을 만들었다. 작은 생각의 차이가 엄청난 결과를 가져온다면, 크고 위대한 생각은 불가능을 가능으로 만들고도 남을 만큼의 힘과 에너지를 낼 수 있다.

무엇을 하든 '자기 자신이 반드시 해낼 수 있다'는 생각으로 도전하는 사람은 아무도 막을 수 없다. 긍정과 확신의 생각은 엄청난 내적 에너지를 형성하기 때문이다. 미친 사람들은 보통 사람들보다 큰 힘을 발휘한다. 그들은 '자신은 힘이 없는 약한 존재이다'라는 마이너스적 생각을 완전히 배제해 버린다. 할 수 없다는 부정적인 생각을 안 하고 덤벼든다. 평범한 사람들이 갑자기 위기의 순간에 엄청난 괴력을 발휘하는 것도 같은 원리이다. 위대한 위인들이 위대한 업적을 달성해 낼 수 있었던 것도 '반드시 해낼 수 있다'는 강한 플러스적 생각을 하고 도전했기 때문이다.

고대 그리스의 철학자 플라톤은 말했다.

"당신의 생각을 잘 담아 두라. 그것으로 무엇이든 바라는 것을 할 수 있으니까."

우리의 생각은 우리가 바라는 모든 것을 할 수 있게 만들어 주는 위대한 힘이라는 사실을 그는 일찍이 알고 있었다.

우울증과 수많은 실패로 시련을 겪었던 링컨이 노예 해방이라는 위대한 업적을 완수하게 된 것은 위대한 생각 때문이었다. 위대한 생각은 수많은 주변 사람들의 비웃음과 조소를 이겨 내게 했다. 적들의 위협에 맞설 용기를 주었고, 아군들의 비겁한 후퇴에도 끝까지 전쟁을 승리로 이끈 에너지를 주었다. 노예 해방이라는 위대한 업적을 이루게 한 링컨의 위대한 생각은 이것이었다.

"나는 신과 약속했다. 이 일을 꼭 해낼 것이라고!"

위대한 생각을 하는 사람은 어떠한 시련과 역경 앞에서도 의연하게 버틸 수 있는 힘과 에너지가 내면에서 샘솟는다. 부족한 만큼 충분히 보충해 줄 만한 능력과 재능이 내면에서 형성되어 뿜어져 나오게 된다. 주위 사람들이 아무리 반대를 해도 설득시켜 함께 동참하게 만드는 에너지가 나온다. 반드시 해낼 수 있다는 확고부동한 신념이 내면으로부터 거대하게 형성되어 온 세상을 뒤덮는다.

크고 위대한 생각의 밑거름은 사고하는 능력이다. 아무리 지식이 많아도 사고하지 못하는 인간에게는 무용지물이다. 단순한 백과사전과 같다. 유명한 철학자 프랜시스 베이컨은 '아는 것이 힘이다'라고 말했지만, 사고하는 능력이 없는 사람에게는 지식도 그 가치를 발휘하지 못한다. 아는 것보다 사고하는 능력이 더욱더 중요한 것이다.

"아는 것이 온전한 힘을 발휘하기 위해 생각과 상상이 반드시 필요하다."

아무리 능력과 실력이 있다 하더라도 크고 위대한 생각을 하지 못하는 사람은 결국 평범한 삶을 살 수 밖에 없다. 평범한 사람일지라도 위대한 생각을 한다면 자신을 위대함으로 이끌 것이다. 위대한 생각을 하면 위대함으로, 긍정적인 생각을 하면 희망으로, 전략적이고 창의적인 생각을 하면 탁월한 성과와 업적으로 우리를 이끈다. 뛰어난 생각은 뛰어난 결과의 토대를 마련한다. 우리의 잠재력을 키워 주고, 또 다른 뛰어난 생각을 불러온다.

위대한 생각은 어제의 한계를 뛰어넘게 해주는 원동력이다. 우리는 우리가 생각한 만큼의 인간이 된다. 생각의 크기가 미래의 크기이다. 크고 위대한 생각을 해야 한다. 크고 위대한 생각을 하면 크고 위대한 삶을 살고, 작고 평범한 생각을 하면 작고 평범한 삶밖에 살 수 없다.

이제 긍정적으로 생각하는 것만으로는 부족하다. 적극적으로 생각하는 것만으로도 부족하다. 긍정과 부정을 모두 뛰어넘는 위대한 생각을 해야만 긍정적인 나를 뛰어넘어 위대한 자신이 될 수 있다. '나는 매우 운이 좋은 사람이야', '나는 잘될 거야' 하는 긍정적인 생각은 결국 그 정도의 잘되는 사람을 만든다. '나는 이 세상을 변화시킬 거야', '나는 인류의 지도자가 될 거야'라는 크고 위대한 생각은 그냥 출세하고 성공하는 사람의 수준이 아닌, 말 그대로 위대한 인간을 만들 수 있다.

긍정적인 생각보다 위대한 것이 있다

·····································

긍정적인 생각보다 위대한 것은 크고 위대한 자신을 구체화시키고 시각화할 수 있는 상상력이다. 미국의 심리학자 찰스 가필드 박사는 전 세계 수백 명의 정상급 스포츠 선수들을 연구했다. 그는 자기 분야에서 큰 성공을 거둔 선수들을 지난 20년 동안 인터뷰해 왔다. 마침내 그는 단순히 긍정적인 생각보다 구체적으로 가시화하는 상상력이 보다 큰 효과를 만들어 낸다는 사실을 입증했다.

"인생행로에서 성공의 열쇠는 자신이 어디로 가고 싶다는 것을 구체적으로 정확하게 그려내고 가시화하는 데 있다."

자신이 승리하는 모습을 구체적으로 상상하고 시각화할 경우, 실제로 현실이 된다는 사실을 그는 발견해 낸 것이다. 이와 같은 주장을 뒷받침하는 사례는 매우 많다. 전쟁 포로였던 한 피아니스트는 오랫동안 감방에 갇혀 피아노를 연주하지 못했다. 대신 자신이 피아노를 연주하는 모습을 매일 상상하였다. 전쟁이 끝난 후 그는 상상 속에서 연주한 것과 동일하게 연주를 해낼 수 있었다.

긍정적인 생각을 넘어 자신이 원하는 모습을 구체적으로 시각화하고 그려 보는 것이 더 중요하다는 사실을 발견한 학자는 또 있다. 현대 심리학의 창시자로 평가받는 윌리엄 제임스이다. 그는 이런 말을 했다.

"심리학에는 한 가지 법칙이 있다. 원하는 그림을 마음속에 그려 보고 충분히 오랫동안 간직하면 얼마 뒤 자신이 생각한 대로 실현된다는 것이다."

이제 우리는 '잘될 것이다', '나는 점점 나아지고 있다'라는 생각을 넘어 구체적으로 자신이 성공한 모습을 마음속에 그리고 시각화할 필요가 있다. 자신이 원하는 모습을 마음껏 상상하고 그려 보아야 한다. 상상과 시각화가 우리 내면에 숨어 잠자고 있던 에너지와 능력을 깨우는 스위치 역할을 하기 때문이다. 가급적 크고 위대한 상상을 해야 한다. 우리가 상상하는 만큼 성장하고 성공할 수 있다. 우리는 크고 위대한 상상을 하는 사람이 되어야 한다. 우리가 하는 상상의 크기만큼 성장하고 성취한다는 사실을 명심하자.

"긍정적인 생각을 하면 긍정적인 사람이 될 수 있다. 그것을 뛰어넘어 위대한 생각을 하는 사람은 위대한 사람이 될 수 있다."

벤저민 디즈레일리의 말처럼 우리는 자신의 생각보다 높은 곳으로 오르지 못한다. 크고 위대한 생각을 해야만 하는 것이다. 지혜의 왕인 솔로몬도, 사도 바울도, 아인슈타인도, 셰익스피어도 생각의 중요성을 설파했다. 성공한 사람의 생각은 성공에 집중되어 있고, 위대한 사람의 생각은 위대함에 집중되어 있고, 평범한 사람의 생각은 일상에 집중되어 있다.

제임스 앨런의 표현을 빌리자면, '인간의 생각은 그가 원하는 것이 아니라 그의 모습을 이끌어 낸다'고 말했다. 랠프 왈도 에머슨의 말대로 '하루 종일 어떤 생각을 하느냐에 따라 그 사람의 모습이 정해지'기 때문에 우리의 마음과 생각을 다잡아야 한다. 무기력한 자신의 모습을 생각하지 말고, 자신의 나약함을 뛰어넘는 강한 생각을 해야 한다.

환경 때문에 어쩔 수 없다고 하는 사람들을 위해 다시 제임스 앨런의 표현을 빌려 답하고자 한다. '상황이 인간을 만드는 것이 아니라, 인간의 내면이 상황으로 드러나는 것일 뿐이다'라고 말이다. 어떠한 상황과 약점이라도 이겨 내는 유일한 힘, 강력한 힘은 우리의 생각이다.

호텔왕 콘라드 힐튼은 '호텔왕인 나와 평범한 호텔 직원과의 차이는 오직 하나, 성공을 상상하는 능력 외에는 없다'라고 말했다. 우리가 우리의 마음으로 생각하고 상상하는 것이 가장 강력한 힘이라는 사실을 힐튼 호텔의 창립자인 호텔왕이 분명하게 자신의 삶을 통해 대변해 주고 있다.

그는 가난한 행상의 아들로 태어나 잠자리도 없이 이곳저곳을 떠돌아다니며 생활했다. 떠돌이였던 그는 성공을 상상하는 능력, 큰 생각,

위대한 생각을 통해 위대한 사람이 될 수 있었다. 그는 생각의 힘이 얼마나 다양하고 강력하게 작용할 수 있는지, 다음과 같은 말을 했다.

"이 쇠막대기를 그냥 두면 아무 가치가 없지만, 말발굽을 만들면 10달러 50센트를 벌 수 있다. 바늘을 만든다면 3,250달러를 벌 수 있고, 용수철을 만들면 250만 달러를 벌 수 있다."

똑같은 인간이지만 크고 위대한 생각을 할수록 크고 위대한 인생을 살 수 있다는 말이다.

적극적 사고방식, 긍정적 사고방식의 창시자로 평가받는 노먼 빈센트 필은 자신의 대표 저서인《적극적 사고방식》이란 책을 통해 적극적 사고방식의 중요성과 효과를 아주 자세하게 설명했다.

그가 주장하는 핵심은 '우리가 믿고 생각하는 대로 이루어지는 것이 바로 우리의 인생'이다. 긍정적으로, 적극적으로 생각하면 우리 주변의 모든 환경이 그러한 결과를 낳기에 적합한 환경으로 조성된다고 한다. 이와 반대로 부정적이고 소극적으로 생각하는 사람에게는 주변의 모든 환경들이 그러한 결과를 낳기에 적합한 환경으로 조성되어 결국에는 성공적인 삶을 살 수 없다고 한다.

인생이 달라지기 원하면 생각을 바꾸어야 한다

과학자들은 인간이 하루를 살면서 거의 6만 가지 정도의 생각을 한다는 사실을 밝혀냈다. 거의 1초마다 한 가지씩 생각하는 꼴이다. 그래서 이토록 생각의 힘이 강력한 것이다. 놀라운 사실은 하루 종일 하는 6만 가지 생각 중에서 95%는 어제나 그제 했던 것과 똑같은 생각이라는 것이다. 우리가 일상의 행동 패턴이 거의 비슷하듯이 우리의 생각도 그 틀에서 벗어나지 못하고 있다. 다람쥐가 쳇바퀴 도는 것과 같은 양상이 우리의 사고에도 그대로 발생한다.

더욱더 충격적인 사실은 우리 대부분이 습관처럼 반복하는 생각의 80%가 긍정적이지 못하다는 것이다. 매일 4만 5,000가지나 되는 부정적이고, 소극적이고, 절망적인 생각들로 가득 차 있는 세계가 우리 인간의 생각이다. 생각을 바꾸는 사람은 그야말로 인생이 바뀔 정도로 큰 효과를 본다는 사실이 과학적으로 증명된 것이다.

어리석은 인간의 측면을 가장 잘 꿰뚫어 본 사람 중에 한 명이 아인슈타인이다. 그는 '어리석음이란 계속해서 같은 일을 반복하면서도 다른 결과를 기대하는 것'이라고 말했다. 인간은 정말 어리석게도 평생 사고와 생각을 바꾸지 않고 어제 했던 부정적인 생각들을 반복하면서 인생이 바뀌기를 기대하는 양상인 셈이다. 인생이 달라지기를 바란다면 가장 먼저 우리의 생각을 바꿔야 하는 것이다.

"인생이 달라지기를 원한다면 우리의 생각을 먼저 바꾸어야 한다."

《성공의 정석》의 저자인 존 맥그라는 '본질적으로 성공은 마음먹기에 달려 있기 때문에 성공과 실패는 맞물려 있다'고 말했다. 하루 24시간을 어떻게, 무엇을 위해 사용하느냐에 따라 미래가 결정된다. 하루 종일 어떤 생각, 무슨 생각을 하느냐에 따라 오늘이 결정된다. 인생을 어떻게 생각하느냐에 따라 인생이 바뀐다는 사실을 그는 주장한다.

크고 위대한 생각을 할 줄 아는 사람들은 모두 하나같이 크고 위대한 인생을 살았다. 그 사람들이 보통 사람들보다 뛰어나고 위대한 사람이었기 때문이 아니다. 잠자던 크고 위대한 능력을 깨울 생각을 할 줄 알았던 사람이었기 때문이다.

우리 모두는 누구나 위대한 인생을 살아가거나 기적과 같은 놀라운 일을 해낼 수 있다. 다만 그렇다고 생각하는 사람에게만 가능하다는 사실도 함께 명심하자. 누구나 기적을 만들 수 있지만, 자신이 기적을 만들어 낼 존재라는 사실을 깨닫고, 거기에 걸맞은 위대한 생각을 할 줄 아는 사람은 극히 적다. 그래서 위대한 인물들이 극히 적은 것이다.

1,800년 전에 〈명상록〉에 로마 황제인 마르쿠스 아우렐리우스가 한 말은 아직도 유효한 진리이다.

"인생은 그 사람의 생각의 소산이다."

그는 생각의 소산 중에 행복과 성공을 모두 포함했다. 결국 행복도 우리의 생각에 의해 결정된다고 보았다.

"인생의 행복은 당신의 생각이 어떤가에 달려 있다."

우리가 행복하기 위한 기술은 생각을 붙잡고, 생각을 행복하게 하는 것이다. 그것도 바로 지금 생각하는 것이 우리의 미래를 결정한다.

지금 우리가 생각하는 것이 위대하다면, 우리의 미래는 위대하게 될 것이다.
지금 우리가 생각하는 것이 행복이라면, 우리의 미래는 행복하게 될 것이다.
지금 우리가 생각하는 것이 성공이라면, 우리의 미래는 성공하게 될 것이다.
지금 우리가 생각하는 것이 숭고하다면, 우리의 미래는 숭고하게 될 것이다.
지금 우리가 생각하는 것이 평화라면, 우리의 미래는 평화롭게 될 것이다.

위대한 인생의 씨실이 위대한 사람이라면, 날실은 위대한 생각이다. 아무리 위대한 사람이라도 위대한 생각을 하지 않으면 결코 위대한 인생을 살아갈 수 없다. 위대한 삶의 기적이 변화로부터 시작된다면, 그 변화를 이끄는 것은 우리의 위대한 생각이다. 실패와 시련을 성공과 축복으로 변화시키는 것도 우리의 위대한 생각이다. 역경과 고통을 기쁨으로, 성공으로 변화시키는 가장 근본적인 힘도 우리의 위대한 생각이다. 가난을 부로 변화시키는 것도 우리의 위대한 생각이다. 슬픔과 우울증을 극복하여 기쁨과 즐거움으로 바꾸는 것도 우리의 위대한 생각이다.

대부분의 사람들은 자신의 사고 틀 속에서 갇혀서 조용한 절망의 삶을 살아가고 있다. 그러다 좋은 책을 읽거나 좋은 아이디어가 생각나서 크고 위대한 생각을 하게 되면, 바로 그 순간 상상도 못 한 힘과 에너지와 기쁨이 솟아나게 된다. 문제는 누구나 쉽게 생각이 바뀌지는 않는다는 점이다. 그래서 여행을 가거나 이민을 가기도 한다. 환경이 바뀌면 전혀 다른 사람이 되는 경우가 있다. 생각이 변하기 때문이다.

매일 부정적인 생각으로 가득 차 있다가도 자신이 좋아하는 취미 생활을 가질 수 있다. 취미에 심취하면 재미없고 따분한 삶에서 180도 바뀌어 활기찬 삶을 살아가게 된다. 생각의 틀에서 조금이라도 벗어날 수 있도록 취미가 도와준다. 취미 생활을 좋아하게 되고, 좋아하기에 자연스럽게 몰입할 수 있게 된다. 부정적인 생각들을 그 순간 끊어 버릴 수 있다. 몰입하여 집중하면 기분이 좋아지고, 상쾌해지고, 경우에 따라서는 쾌감도 느낀다. 이러한 것들이 모두 부정적인 생각을 잠시 멈추게 도와준다.

부정적 사고는 위력이 너무나 강력하다. 우리는 모두 부정적 사고의 노예라고 해도 과언이 아니다. 어떤 성공학 도서에서는 부정적인 생각들이 에너지의 흐름을 방해하기 때문에 좋지 못하다고 한다. 필자는 그 이상의 부정적인 효과가 있다고 말한다.

긍정적인 생각이 긍정적이고 좋은 에너지를 형성하고 발산하듯, 부정적인 생각은 부정적이고 나쁜 에너지를 형성하고 발산한다. 부정적 사고를 많이 하면 부정적 에너지가 자신의 몸과 마음에 가득 차게 된다. 잘할 수 있는 일도 못하게 된다.

대부분의 사람들은 알게 모르게 긍정적인 생각보다 부정적인 생각을 훨씬 더 많이 한다. 부정적 사고를 평균적인 사람들보다 조금이라도 적게 하는 사람은 그만큼 뛰어난 존재가 될 수 있고, 큰일을 해낼 수 있다. 긍정적인 생각을 통해 자신의 내면에 존재하지만 미처 발견하지 못한 엄청난 힘과 능력이 솟아나기 때문이다.

우리는 무엇을 하기 전에 의식적으로, 무의식적으로 '할 수 있다'는 생각보다 '할 수 없다'는 생각을 너무나 많이 한다. 의도적으로 '할 수 있다'는 생각을 하고자 노력해야 한다. 여러 번 자신의 한계를 뛰어넘어 본 경험이 있는 사람은 무의식적으로 '할 수 있다'는 생각이 훨씬 더 강력하게 작용한다. 작은 일에 성공해 본 사람은 큰일에서 성공하기가 그만큼 쉽다.

가장 조심해야 할 것은 생각이다

러시아의 역도 선수에게 실제로 있었던 일이다. 그녀는 역도 유망주로 매일 새로운 신기록을 세우면서 실력이 날마다 증가했다. 그러던 중 250kg에서 성장이 멈추었다. 아무리 연습을 해도 도저히 250kg의 무게를 들 수 없었다. 설상가상으로 많은 학자들과 의사들까지도 250kg을 드는 것은 한계라고 설정해 버렸다. 안타까운 한계의 벽에 부딪혀 노심초사하던 역도 팀에게 심리학자가 제안을 했다. 참으로 황당한 제안이었다. 역도 선수 모르게 실제 251kg 무게의 역기를 249kg이라고 속인 후에 연습하게 하라는 제안이었다.

그 결과는 놀라웠다. 그토록 넘기 힘들던 250kg을 너무나 어이없이 쉽게 들어 버렸던 것이다. 그 후로는 엄청난 속도로 세계 신기록을 80차례나 경신하기에 이르렀다. 역도 선수는 250kg의 역기를 들면서 언제나 '한 번도 들지 못했던 250kg이다. 과연 할 수 있을까?'라는 의심을 가졌다. 매일 반복되는 실패를 통해 '어제도 못 들었던 250kg이니까 오늘도 힘들겠지!'라는 소극적이고 부정적인 생각의 힘에 빠져 있었다. 249kg이라고 속이자 '어제도 쉽게 들었던 249kg이군. 이것쯤이야!'라는 긍정적인 생각을 가지게 되었다. 역도 선수는 비로소 251kg을 들게 되었다. 바로 이것이 생각 스위치의 위력이다. 인간의 한계는 육체가 아니라 오히려 생각에 있다는 사실이 아이러니하게도 육체와 가장 밀접한 스포츠 분야에서 일어났다.

프랑스의 작가인 앙드레 모로는 인간에게 가장 무서운 것은 정신의 감옥에 갇혀 지내는 것이라고 말했다. 그의 말대로라면 대부분의 사람들은 자기 생각의 틀인 정신의 감옥에 갇혀 평생 살아가는 것과 다를 바 없다. 실패를 생각하고 두려워하는 사람은 평생 실패를 벗어날 수 없고, 건강을 걱정하고 병을 두려워하는 사람은 그러한 악영향 속에서 살아가야 된다. 한 번도 하지 못했던 일을 해야 한다고 생각하기보다는 해낼 수 있는 새로운 일을 해 보자는 생각으로 살아가야 할 필요가 있다. 최소한 생각의 틀 속에서 벗어나는 인생을 살아가야 할 것이다.

데일 카네기는 다음과 같은 말을 했다.

"가장 조심해야 할 것은 가난도 질병도 아닌 당신의 생각입니다. 생각이 당신의 삶을 지배하니까요."

정말 그렇다. 생각이 우리의 몸과 마음의 한계를 정한다. 생각이 우리 인생의 크기와 넓이와 높이를 결정짓는다. 작고 평범한 생각을 하지 말고 크고 위대한 생각을 해야 한다. 우리가 어떤 생각을 하든, 그 생각이 우리의 삶을 지배한다. 우리가 크고 위대한 생각을 해야 하는 이유이다.

위대한 생각을 하면 그 생각이 우리를 위대함으로 이끈다는 사실을 강조하고 싶다. 우리의 뇌에서 상상하고 생각하는 것과 실제로 우리가 경험하는 실제 사실을 자율 신경계는 구별하지 못한다. 뇌 속에서 상상하면 우리 자율 신경계는 실제 일어난 일로 받아들여 몸이 반응한다. 부정적인 생각을 많이 할수록 건강이 나빠지고, 긍정적인 생각을 많이 할수록 건강이 좋아지는 현상에 대한 설명이다.

크고 위대한 생각이 인간의 한계를 뛰어넘게 한다. 크고 위대한 생각이 불치의 질병으로부터 생명을 구해 준다. 크고 위대한 생각이 불행 속에 빠져 있던 사람들을 행복하게 변화 시킨다.

성공과 행복의 기술 3

우자일득

- 愚者一得 -

・・・

우리는 오늘 우리의 생각이 데려다 놓은 자리에 존재한다.
우리는 내일 우리의 생각이 데려다 놓을 자리에 존재할 것이다.
– 제임스 앨런

많은 사람이 사고와 행동, 결과의 제약을 받고 있다.
그들은 스스로 정한 한계를 절대로 벗어나려 하지 않는다.
– 존 맥스웰

모든 진보와 성공은 생각으로부터 나온다.
– 토마스 에디슨

가질 수 있다고 생각하면 이 세상에 가질 수 없는 것은 단 하나도 없다.
–로버트 콜리어

생각이야말로 모든 부, 모든 성공, 모든 이익, 모든 위대한 발견 및 발명품,
그리고 모든 성취의 원천이다.
– 클라우드 M. 브리스톨

나는 의식적인 노력으로 자신의 삶을 높이고자 하는
인간의 확실한 능력보다 더 훌륭한 일은 없다고 생각한다.
– 헨리 데이비드 소로

상상이 창조의 시작이다. 갈망하는 바를 상상하라. 상상한 것을 추구하라.
그러면 마침내 추구하는 바를 창조하게 될 것이다.
– 조지 버나드 쇼

한계를 뛰어넘는 힘은 생각에서 비롯된다

먼저 크고 위대한 생각을 통해 인간의 한계를 뛰어넘은 경우인 로저 베니스터의 사례를 보자. 그는 불과 반세기 전에는 불가능하다고 모든 사람들이 생각한 것을 가능하다고 실제로 입증한 사람이었다. 성공학 도서나 자기 계발 도서에 단골로 등장한다. 대부분의 도서들은 그가 불가능을 가능하게 했던 원인으로 신념을 강조한다.

당시에는 대부분의 전문가들조차 '인간은 1마일을 도저히 4분 안에 돌파할 수 없는 존재이다'라고 못 박고 있었다. 그때까지 1마일을 4분 안에 돌파한 사람은 단 한 사람도 없었다. 무엇보다 그는 당시의 통념이 되어 버린 1마일을 4분 안에 돌파할 수 있는 사람은 없다는 마음의 벽을 과감하게 넘어섰다.

수많은 사람들은 '신념이 가능하게 했다'고 말한다. 어떤 도서는 옥스퍼드 의대생이기도 했던 그가 의학적인 지식을 가지고 스피드 향상을 위해 새로운 방법으로 훈련을 했기 때문에 가능했다고 말한다. 하지만 신념도, 과학적인 훈련 방법도 뛰어넘는 획기적인 방법을 사용했다는 사실을 우리는 추가로 알아야 한다. 바로 그는 '생각 스위치'를 사용했다는 것이다.

수많은 전문가들은 온갖 연구를 통해 인간이 1마일을 4분 안에 돌파할 수 없는 이유를 댔다. 인간의 심폐 기능에 문제가 생겨 터져 버릴 것이라고 주장하기까지 했다. 로저 베니스터는 매일 밤 눈을 감고 상상 속에서 1마일을 4분 안에 돌파하는 모습을 생각했다. 그는 1마일을 4분 안에 달리는 자신의 모습을 상상했고, 생각이라는 스위치를 최대한 가동시켰다. 그 결과 자신이 상상했던 대로 1마일을 정확히 3분 59.4초로 돌파한 최초의 사람이 되었다.

그가 인간의 한계라고 믿었던 벽을 깨어 부술 수 있었던 것은 신념도 아니었고, 체계적인 훈련도 아니었다. 상상이라는 생각의 힘이었다. 상상은 신념보다 열 배 이상의 힘을 발휘한다. 그로부터 1년 안에 37명이라는 선수들이 그 장벽을 깼다. 수백 년 동안 단 한 명도 넘지 못했던 한계의 벽을 로저 베니스터가 깨자, 선수들은 너나없이 그 벽을 넘어설 수 있었다. 여기에 작용한 것도 생각이라는 스위치이다. 그 전에는 아무도 할 수 없다는 생각이 그 만큼의 실력만 가진 선수로 붙잡았다. 누군가 한 명이 깨자 '인간도 1마일을 4분 안에 돌파 할 수 있구나. 그렇다면 나도 할 수 있겠다'라고 생각하게 되었다. 의심하지 않고 확고하게 생각하자마자 너도나도 할 수 있었다.

필자는 국내의 대기업에서 연구원으로 십 년 이상 직장 생활을 했다. 현재 그 기업의 신종균 사장이 부장이었을 때에 함께 팀원으로 일하면서 보필한 적이 있다. 개인적으로 그분의 카리스마와 인간미 넘치는 모습을 옆에서 지켜보면서 참 멋진 분이라고 느끼곤 했다.

무엇보다 그분과 함께 일을 하면서 크게 배운 점은 사고방식이었다. 좀 더 솔직하게 말하자면, 그분은 그렇게 좋은 학벌을 가진 사람도 아니었고, 좋은 실력을 가진 사람도 아니었다. 그분보다 훨씬 좋은 학벌을 가진 사람들이 회사 내에 많았지만, 일개 학사 출신으로 현재 국내 최고 기업의 사장 자리에 올라간 것을 보면 그분만의 놀라운 무엇이 있다고 봐야 한다.

그분이 국내 최고 기업의 사장 자리까지 오르게 해준 것은 좋은 능력과 재능, 학벌, 출신 배경이 아니었다. 필자는 십 년 넘게 회사에 있으면서 해외 유명 대학의 석사와 박사들이 회사를 그만두고 나가는 모습을 보았다. 실력과 재능이 뛰어난 인재들도 회사를 그만두고 나가는 모습을 보았다. 학벌이 아무리 좋아도, 실력과 재능이 아무리 뛰어나도 모두 중간에 회사를 그만두고 제2의 인생을 살거나 다른 회사로 옮겨 갔다. 그럼에도 그분은 현재 국내 최고 기업의 사장이 되어 승승장구하고 있다.

과연 그분의 성공 비결은 무엇일까? 바로 '자신감'과 '궁즉통窮則通'의 사고방식이다. '할 수 있다', '될 수 있다'는 자신감이 충만한 생각이다.

필자가 신입 사원이었을 때 동기가 집들이를 하게 되었다. 그분도 집들이에 오셔서 함께 즐거운 시간을 보냈다. 식사를 한 뒤 집에 돌아갈 사람은 가고 남은 사람은 기분을 살리기 위해 작은 도박판이 벌어졌다.

당연히 그분도 참여를 했다. 다음 날 아침 출근하니 도박판의 결과에 모두들 흥미를 갖고 있었다. 이번에도 어김없이 그분이 싹쓸이를 했다고 한다. 그 비결은 자신감이었다. 아무리 안 좋은 패를 가지고 있어도 돈을 딴다는 것이다.

배짱과 자신감은 크고 위대한 생각이 아닐 수 없다. 우리의 삶도 어떻게 보면 작은 도박판과 다름없다. 그분은 아무리 위기 상황에서도 반드시 길이 있고, 반드시 이겨 낼 수 있다는 사고방식을 가진 분이었다.

필자가 신입 사원일 때 SGH-600 모델의 휴대폰을 개발할 때의 일이다. 너무나 오랫동안의 연구 기간은 연구원들을 모두 지치게 만들었다. 엎친 데 덮친 격으로 IMF가 터졌다. 그러한 상황에서 SGH-600이란 모델을 포기하지 않고 끝까지 밀고 나갔다. 가전 회사, 반도체 회사에서 휴대폰도 만들 줄 아는 회사라는 인식을 전 세계에 심어 준 계기가 되었다.

그때 상상도 못 할 어려운 환경과 여건 속에서도 신종균 사장은 흔들림이 없었다. 지쳐서 좌절 속에 있던 팀원들에게 계속 강조한 말은 바로 궁즉통의 사고방식이었다. '궁하면 반드시 통한다'라는 것이다. 이러한 생각은 정말로 큰 스위치의 역할을 했다. 결국 우리 팀은 전무후무한 베스트셀러 휴대폰을 만들 수 있게 되었다. 만약 우리 팀이 중간에 포기했다면 지금의 휴대폰 강국인 한국이 존재하지 않을 수도 있었다.

어떤 상황과 악조건도 기회로 삼아 반전을 모색해야 한다. '반드시 할 수 있다'는 생각은 실제 할 수 있는 힘과 에너지를 만드는 위대한 생각 스위치이다. '궁하면 통하리라'는 말은 가장 힘들 때, 가장 어려울 때 힘을 내면 반드시 해결책이 있다는 희망적인 사고방식의 정수이다.

가장 힘들 때가 가장 큰 변화의 순간이다. 참고 인내하면 반드시 변화가 오고 통하게 되어 있다. 가장 어두울 때가 해 뜨기 직전이라는 자연 현상도 있다. 가장 힘들어서 더 이상 참을 수 없을 때가 참아야 할 때이다. 가장 힘든 순간은 그 힘든 순간이 거의 다 끝났다는 사실을 반증하는 순간이기 때문이다.

생각만으로 행복과 성공을 불러들일 수 있다

위대한 생각은 우리를 위대함으로 이끈다. 인류 최초의 비행을 가능하게 했던 라이트 형제는 언제나 크고 위대한 생각을 가슴 속에 품었다. '나는 비행이 가능하다고 믿는다'라고 말한 윌버 라이트의 말대로 정말 비행을 하였다. 라이트 형제에게 가장 큰 힘이 되어 준 것은 '나는 하늘을 날 것이다'라는 위대한 생각이었다.

이순신 장군의 위대함은 한두 가지가 아니지만, 가장 큰 힘은 무엇보다 크고 위대한 생각이다. 수만 대군의 왜적과 싸움을 해야 하는 이순신 장군 앞에 겨우 열두 척의 배 밖에 없었다. 이러한 최악의 상황에서 그는 다음과 같은 말을 했다.

"우리에겐 아직 열두 척의 배가 있다."

긍정적이고 위대한 생각이 세계 해전 사상 가장 빛나는 전투의 명장으로 칭송받는 원동력이 되었다.

현실적으로 1만 시간의 연습을 하고 노력을 기울인다고 해서 모두 그 분야에서 세계적인 대가가 되고 성공하지는 않는다. 냉정한 현실을 통해 우리가 간과해서는 안 되는 것이 생각의 힘이다. 마음의 벽, 한계의 벽을 허물 수 있는 것은 오로지 생각이다.

그냥 연습을 한 사람과 '나는 반드시 세계 최고가 될 거야', '나는 최고야'라고 생각하면서 연습한 사람은 확연한 차이가 있다. 희망적이고 긍정적인 생각을 하면서 연습한 양은 물리적인 시간 차이와는 차원이 다른 결과를 낳는다. 생각의 힘이 1만 시간의 노력을 가능하게 하는 습관의 힘이나, 인내의 힘, 노력의 힘, 목표의 힘, 목적의 힘보다 크다는 사실을 반증하고 있다.

심리학에서는 의식과 무의식의 관계를 아주 쉽게 빙산의 일각으로 표현한다. 의식은 빙산의 일각이고, 수면 아래에 보이지 않는 나머지 큰 부분이 우리의 몸과 마음, 행동에 크게 영향을 주는 무의식의 세계라고 보고 있다. 무의식의 세계는 잠재의식의 세계이다. 잠재의식을 많이 깨우면 그야말로 큰 업적을 달성할 수 있다. 우리의 행동과 성격에 깊숙이 영향을 미치는 것이 잠재의식이기 때문이다.

의식보다 무의식의 영향력과 지배력이 크기 때문에 더더욱 위대한 생각의 스위치가 필요하다. 평범하고 시시한 생각을 하면 큰 변화와 행동을 유발하지 않는다. 일생일대의 큰 생각을 하고 위대한 생각을 하면, 자다가도 벌떡 일어날 만큼 강력한 힘과 에너지가 솟아난다. 평범하고 시시한 생각은 아무리 좋은 생각이라도 추진력이 없다. 크고 위대한 생각을 하면 없던 에너지가 만들어지고, 없던 능력이 형성되고, 없던 추진력이 생기게 된다.

우리는 생각만으로 행복과 성공을 불러올 수 있다. 또한 생각만으로 불행과 실패를 불러올 수도 있다. 심리학 용어로 자성自成 예언이라고 한다. 자신이 앞으로 어떻게 될 것이라고 생각하고 믿으면 진짜 그렇게 된다는 현상이다. 일종의 피그말리온 효과와 플라시보 효과와 비슷한 개념이다.

어떤 사람이 무슨 일을 하는 동안 내내 '이 일은 잘 안될 것이다'는 생각을 갖고 하면 실제로 그렇게 되기 십상이다. 부정적 생각이 그 사람의 능력과 에너지, 창조성을 막아 버리는 마이너스 스위치의 역할을 하기 때문이다.

반대로 어떤 사람이 '나는 큰 부자가 될 것이다', '나는 수많은 사람들이 존경하는 사람이 될 것이다', '나는 지금 하고 있는 일을 통해 크게 성공할 것이다'라는 생각을 하면서 살아가는 사람은 실제로 그렇게 될 공산이 매우 크다. 성공한 수많은 사람들은 일이 잘 안될 때도 '잘될 것이다', '이번만 지나면 역전될 것이다'라는 긍정적이고 희망적인 생각을 했던 사람들이다. 심지어 큰 실패로 결과가 났다 해도 성공하는 사람들은 결코 단념하지 않는다. '보다 큰 성공을 위해 좋은 밑거름이 될 것이다', '이 일로 나는 더욱더 성공에 가까워졌다'라는 생각을 한다.

우리가 어떤 생각을 하느냐에 따라 미래와 현재의 자세와 태도, 방향이 결정된다. 생각이 행동과 습관의 씨앗이기 때문이다. 성공과 실패를 가르는 것은 행동과 습관의 씨앗인 생각 그 자체다. '우리는 다음 아닌 우리의 생각'이다. '오늘의 우리는 어제 우리가 한 생각'이라고 표현할 수 있는 것이다.

더불어 아무리 세상의 모든 것을 가져서 성공한 사람이라도 행복하지 않다면 무가치해질 것이다. 행복한 삶의 중요한 토대가 건강이다. 건강하지 않으면 행복한 삶을 지속할 수 없다. 건강과 매우 밀접한 관련이 있으면서 오히려 건강을 지켜 주는 것이 있다. 불치병으로부터 다시 건강한 삶을 되찾아 주기도 한다. 바로 긍정적인 생각의 힘이다. 긍정적인 생각이 건강에 결정적인 역할을 한다는 사실이 수많은 사례들을 통해 알려지고 있다.

서울대학교 병원장 한만청 교수는 말기 간암으로 진단받았다. 설상가상으로 이미 폐까지 전이된 상태였고, 급기야는 생존율이 5% 미만인 상황이었다. 그 역시 이 사실을 알게 된 처음에는 원망과 분노, 후회, 절망과 같은 부정적인 생각으로 가득 차서 정말로 죽을 것만 같았다. 하지만 그는 마음을 긍정적으로 바꾸기로 결심했다. 긍정적인 생각에 집중하고 노력했다.

먼저 그는 자신의 병을 생존율이 5%밖에 안 되는 병이라고 생각하지 않았다. 생존율이 5%나 되는 좋은 병이라고 생각했다. 생명을 앗아가는 무시무시한 병이 아니라, 감기처럼 일주일 정도 고생하면 없어지는 작은 병이라고 생각했다. 때가 되면 없어질 것이라는 믿음을 가지고 편안하게 생활하면서 긍정적인 생각, 큰 생각, 위대한 생각을 했다. 그 결과 그의 병은 기적처럼 완치되었다. 그를 치료한 것은 최신 외과 수술도 아니고, 연습이나 실천도 아니었다. 오직 위대한 생각이었다.

위대한 생각은 우리를 위대함으로 이끌고, 긍정적 생각은 우리를 충만함으로 이끌고, 희망적 생각은 우리를 도전함으로 이끌고, 남다른 생각은 우리를 전략가로 이끌고, 적극적 생각은 우리를 성공으로 이끈다.

생각만으로 불치병을 고친 사례는 이제 너무 흔해졌다. 미국에서 실시한 한 연구 결과를 보자. 암 환자 중에 자신의 암을 고질병, 절대로 고칠 수 없는 병이라고 생각한 환자들의 완치율은 38%인데, 고칠 수 있는 병이라고 생각한 환자들의 완치율은 70%였다고 한다. 똑같은 불치의 병에 걸린 사람들이라도 병을 고칠 수 있다고 생각한 환자들이 2배나 완치율이 높았다.

일류와 이류의 차이를 만드는 건 생각뿐이다

···

생각만으로 실제 근육이 늘어나고, 더 빨리 달리고, 더 잘할 수 있다. 100m 달리기를 해보라. 기록이 얼마가 나왔는가? 이제는 그 기록보다 훨씬 빨리 달리는 모습을 상상하고 생각하라. 훨씬 빨리 달리는 모습을 5분에서 10분 정도 상상하고 생각한 후 다시 100m를 달려 보라. 직전의 기록보다 빠른 기록이 나올 것이다.

이것도 해보라. 팔을 들어 오른쪽으로 젖혀 봐서 어디까지 팔이 젖혀지는지 확인한다. 이번에는 먼저 엄청나게 많이 돌아가는 자신의 팔을 상상한 후 다시 젖혀 보라. 이전보다 확실히 많이 돌아가는 팔을 체험할 수 있을 것이다.

수많은 연구와 실험 결과, 생각만으로 근육이 성장하고, 힘이 증가하는 효과를 얻었다. 미국 시카고 대학에서 실시했던 실험이 있다.

첫 번째 그룹은 30일 동안 자유투 연습을 하지 않게 하였다. 두 번째 그룹은 30일 동안 매일 자유투 연습을 하게 했다. 마지막 세 번째 그룹은 30일 동안 마음속으로만 상상하여 연습하게 하였다. 그 결과는 어땠을까? 첫 번째 그룹은 30일 전이나 후나 전혀 변화가 없었다. 두 번째 그룹은 30일 전보다 24% 정도 잘 던졌다. 상상만 한 세 번째 그룹은 놀랍게도 30일 전보다 23%의 성공률을 보였다. 상상만으로도 실제 연습한 것과 동일한 효과를 볼 수 있다는 결과이다. 가장 큰 이유는 우리의 뇌는 실제 연습과 생각만으로 하는 연습을 분별해 내지 못한다는 것이다.

부정적인 생각을 할 때보다 긍정적인 생각을 할 때 힘이 샘솟고 에너지가 훨씬 많이 넘쳐 난다는 연구 결과가 있다. 지금 바로 증명해 보일 수도 있다. 먼저 자신이 실연이나 실패, 죽음처럼 부정적인 단어를 깊게 생각한 후 무거운 짐을 들어 보라. 힘이 많이 든다. 이번에는 사랑, 생명, 희망, 성공, 행복이란 단어처럼 긍정적인 단어를 깊게 생각한 후 똑같은 짐을 들어 보라. 훨씬 힘이 들지 않는다.

지식 생태학자인 유영만 박사는 다음과 같은 의미심장한 말을 했다.

"일류와 이류의 차이는 도전에 한계를 두느냐, 아니면 한계에 도전하느냐로 갈린다. 이류들은 도전하기 전에 한계를 먼저 그어 놓는다. 그 한계는 물리적 한계가 아니라, 심리적 한계다."

우리의 삶과 인생을 제대로 옭아매고 한계를 정하는 무시무시한 마음의 감옥이다. 우리는 마음의 감옥을 과감하게 극복하고 넘어설 수 있는 크고 위대한 생각을 해야 한다.

심리적 한계가 얼마나 큰 영향을 주는지 살펴보기 위해 벼룩의 이야기를 해보자. 벼룩은 누구나 알고 있듯이 높이뛰기 선수이다. 자기 키의 몇 백 배를 뛸 수 있는 곤충이다. 벼룩을 잡아서 빈 유리 상자에 집어넣으면 위로 뛰어서 달아날 수 있다. 그런 벼룩을 투명한 유리판으로 유리 상자를 덮어 놓고 관찰하면 매우 신기한 현상이 벌어진다.

벼룩들은 자신들이 키보다 몇 백 배를 뛸 수 있다는 사실을 잘 알고 있다. 투명판이 있어도 높이 뛰어오른다. 처음에는 자신들이 뛰어올랐던 만큼 뛰려고 해서 수도 없이 유리판에 부딪힌다. 며칠이 지나고 몇 주가 지난 후에 유리판을 살짝 치웠다. 그러자 벼룩들은 그 유리판 높이 아래로만 뛰었다. 벼룩들은 경험을 통해 마음의 한계, 높이의 한계를 설정해 버린 것이다. 더 이상 마음의 한계를 벗어나서 과거처럼 높게 뛰지 못한다고 한다.

벼룩에게만 적용되는 이야기일까? 절대 아니다. 물고기에게도 적용된다는 연구 결과가 있다. 남아메리카에 사는 육식성 민물고기인 피라냐를 수조에 넣어 놓고, 수조의 중간을 투명한 유리판으로 막아 놓았다. 처음에는 피라냐도 벼룩처럼 끊임없이 돌진하면서 머리에 상처를 입었다. 다음 날에는 조금 적게 시도하고, 그 다음 날에는 전날보다 더 적게 시도했다. 몇 주 후 아예 유리판을 치워 버리고 수조 반대편으로 건너갈 수 있도록 해주었다. 피라냐는 그 유리판이 있던 위치를 절대 통과해서 나아가지 않았다. 스스로 한계를 지어 버렸다.

과연 곤충이나 물고기에게만 적용되는 어리석은 현상에 불과할까? 절대 아니다. 어리석은 과거의 경험에 가장 크게 영향을 받는 동물이 인간이라는 사실을 아는가? 인간은 한 술 더 뜬다. 다른 여러 가지 상황에도 그대로 적용하여 그 악영향이 일파만파로 커지게 된다. 인간의 놀라운 학습 능력이 플러스로 작용하면 엄청나게 좋지만, 마이너스로 작용하면 그만큼 나쁜 영향을 받게 된다.

　심리학에서는 '학습된 무기력', '학습된 무력감'이라고 말한다. 저명한 심리학인 마틴 셀리그만이 처음 명명한 것이다. 반복되는 경험과 그로 인한 스트레스로 인해 아무것도 할 수 없게 상태를 지칭한다. 몇 번 실패를 경험한 사람들은 여전히 실패만 하게 된다. 인생에서 시도한 일들이 모두 잘 안되는 것을 경험한 사람들은 항상 입버릇처럼 말한다.
　"나는 역시 안되는구나! 내가 하는 일은 다 이렇다니까!"
　이제 우리는 심리적 한계, 학습된 무력감을 극복할 수 있는 말들을 입버릇처럼 할 수 있는 사람이 되어야 한다. 심리적 한계, 학습된 무력감을 넘어설 수 있게 만드는 크고 위대한 생각 스위치를 켜야 한다. 자신의 능력을 일깨울 수 있는 말을 하는 시작점이다.
　"역시 나는 될 줄 알았어. 역시 나는 된다니까! 지금까지는 연습에 불과했어. 결국에는 된다니까!"

　영국의 비평가 겸 역사가인 토머스 칼라일은 말했다.

"이 세상의 모든 위대한 사업의 시초는 사람의 머릿속에서 먼저 계획된 것이다. 그렇기 때문에 그대의 상상을 풍부하게 하라. 커다란 건축물들도 먼저 사람의 머릿속에서 그 형태가 그려진 연후에 만들어졌다. 현실은 상상의 그림자다."

우리가 어떤 수준의 상상을 하든, 그 수준만큼 성장할 수 있고 이룰 수 있다. 지금 이 순간 우리가 가장 먼저 해야 할 일은 작고 평범한 생각들을 버리고 큰 생각을 가슴에 품는 것이다. 크고 위대한 생각을 결코 해보지 않은 사람들 중에 큰일을 해내고 성취한 사람은 한 명도 없다는 사실을 명심하자.

그렇다. 실력의 차이가 아니라 심리적인 차이일 뿐이다. 이류들은 모두 소극적이고 부정적인 생각을 한다. '해도 안될 것이다. 그 정도는 못할 것이다'라는 생각의 노예들이다. 일류는 그러한 생각을 뛰어넘어 '난 최고이다. 난 할 수 있다. 난 멋진 작품을 만들 수 있어. 난 될 수 있어. 난 된다'라는 큰 생각, 위대한 생각을 한다. 생각의 종류, 생각의 차이에 따라 일류와 이류가 갈리고, 성공과 실패가 갈린다. 똑같은 상황이나 조건에서 어떤 사람은 성공의 발판이 되지만, 또 어떤 사람은 도저히 헤어 나오지 못하는 실패의 구렁텅이가 될 수도 있다.

조앤 롤링은 이혼하고 비참한 인생을 살았다. 실력도, 경력도, 재능도, 돈도, 직장도 없었다. 심지어 남편도 없었다. 하지만 그녀로 하여금 실패에서 성공으로 이동할 수 있게 해준 것은 그녀가 가진 위대한 생각이었다. 그녀는 가장 비참한 최악의 상황에서도 남들처럼 실패의 쓴 잔을 마시며 절망과 자포자기의 생각을 하지 않았다. 그녀는 '가장 밑바닥을 쳤기 때문에 더 이상 두려울 것도, 꺼릴 것도, 못 할 것도 없다'는 위대한 생각을 했다. 위대한 생각, 큰 생각이 결혼에 실패하고 가난한 무명작가를 매년 수천 억 원을 벌어들이는 세계 최고의 베스트셀러 작가라는 위대함으로 이끌었던 것이다.

스탠포드 대학의 심리학 교수인 캐롤 드웩 박사는 《성공의 심리학》이라는 저서를 통해, 생각의 차이가 모든 것을 결정한다고 분명하게 주장하고 있다. 20여 년에 걸친 연구 결과, 성공하는 사람과 실패하는 사람의 가장 큰 차이는 시각과 견해 차이, 즉 생각의 차이라는 사실을 밝혔다.

자신이 변할 수 있고, 성장할 수 있고, 성공할 수 있다고 생각하는 사람이 있는 반면, 아무리 해도 더 이상 성장할 수 없고, 더 이상 발전이 없다고 생각하는 사람이 있다. 전자는 성장 마인드 세트를 가진 사람이고, 후자는 고착된 마인드 세트를 가진 사람이다. 지속적으로 성장하고 성공하는 사람들은 성장 마인드 세트를 가진 사람들이다. 드웩 박사는 현재 능력이나 실력보다는 어떠한 마인드 세트, 사고방식을 가지고 있느냐 하는 요소가 성공과 실패에 가장 큰 영향을 끼친다고 주장한다.

인간은 자신의 생각을 닮아 가는 존재이다

....

사람은 자신의 생각을 닮아 가게 된다. 사람은 자신의 생각대로 이끌린다. 자신의 생각만큼 살 수밖에 없다. 자신의 생각만큼 행복해지고, 자신의 생각만큼 성공한다. 자신의 생각보다 행복할 수 없고, 자신의 생각보다 성공할 수 없다. 그렇기 때문에 크고 위대한 생각을 해야 한다. 행복하고, 희망적이고, 긍정적인 생각을 해야 한다.

주어진 환경과 여건이 아무리 힘들어도 변동적이다. 그러한 것들에 좌지우지되는 행복은 행복이라기보다 순간의 기쁨과 같다. 참된 행복은 환경과 여건, 형편의 변화 속에서도 언제나 변하지 않는 긍정적인 생각을 통해 얻는 행복이다.

반세기 동안 하버드 대학생들의 행복 일대기를 연구한 〈그랜트 연구〉에서 얻어 낸 소중한 결론이 있다. 행복은 우리의 삶에서 발생하는 수많은 일들에 직접적, 지속적으로 영향을 받지 않는다. 그러한 일들을 어떤 식으로 생각하고 대처하느냐는, 이른바 '성숙한 방어 기제' 능력에 더 많은 영향을 받는다. 우리의 행복을 좌지우지할 수 있는 것은 외부적인 환경이나 불행한 사건 사고가 아니라, 그것을 대하는 우리의 사고방식과 태도이다. 고통에 대응하고 적응할 수 있는 성숙한 자세가 행복한 삶을 살기 위해 반드시 필요하다는 결론이다. 물론 긍정적으로 생각하는 생각의 힘에서 비롯된다.

마음가짐, 생각의 중요성을 강조하는 애덤 잭슨 역시 저서 《행복의 비밀》에서 같은 맥락의 주장을 하고 있다. 그는 행복한 사람과 불행한 사람의 차이는 환경과 조건에 있지 않고, 그들의 마음가짐, 생각에 있다고 설파한다. 마음가짐은 우리의 삶을 채색하는 마음의 붓이다. 어떤 색으로 색칠할지는 자신이 선택할 수 있다는 의미이다.

감정은 우리 생각의 결과이다. '세상에는 좋고 나쁜 것이 없다. 다만 그렇게 생각하는 사람만 있다'고 말한 셰익스피어처럼 우리의 감정도 생각의 결과이다. 우리는 모든 일상과 사건과 사물에 대하여 좋은 것과 나쁜 것, 기분 좋은 것과 슬픈 것 등으로 이전에 세워 놓은 기억과 기준에 따라 나누어 버린다. 그 결과 감정이 생겨나는 것이다.

공부로 몰입의 경지에 오른 사람에게 공부란 즐겁고, 재미있고, 기분 좋은 것이다. 공부를 못해 낙오자로 찍히고 비웃음을 받은 자들에게 공부란 가장 하기 싫고, 재미없고, 슬픈 것이다. 우리의 기분과 생각의 비밀스러운 관계이다. 생각을 바꾸면 그토록 하기 싫은 일도 하고 싶은 감정이 생긴다.

《행복의 심리학》의 저자인 마이클 포다이스 박사는 매우 놀라운 실험 결과를 발표한 적이 있다. 행복해지는 상상에 우리의 생각과 마음을 집중하는 것만으로도 매우 행복해진다는 결과였다. 그는 보통 학생들에게 행복한 사람들의 습관을 연구하게 했다. 그 주제에 대해 배우고 연구하면서 집중한 것만으로도 학생들은 매우 행복해졌고, 삶의 만족도가 상승했다. 필자도 성공과 행복을 주제로 오랫동안 공부하면서 너무나 행복한 느낌을 느꼈다. 이 책을 쓰기 위해 수많은 행복학 도서를 섭렵하면서 정말로 크나큰 행복감에 젖어 살았다.

현대 심리학의 최대 발견 중에 하나가 '우리는 우리의 생각을 선택할 수 있으며, 그 생각은 그에 어울리는 감정을 유발한다'는 사실이다. 행복 자체가 아니라 해석, 즉 마음가짐이 감정을 결정할 수 있다는 주장들이다.

'나는 행복하다. 나는 건강하다. 나는 지금 최고의 기분이다'라고 생각하면, 정말로 그 생각에 맞는 기분과 감정이 유발된다. 플라시보 효과와 동일한 메커니즘으로 설명이 가능하다. 가짜 약을 주면서 병이 치료됨을 암시해 주면 환자는 '이제 내 병이 치료될 것이다'라는 생각을 하게 된다. 생각에 따라 환자의 몸과 마음과 뇌가 움직여서 가짜 약임에도 불구하고 병이 치료되고 호전되는 이치이다.

우리 마음속의 작은 생각들이 파장을 통해 퍼져 나가면, 지구 반대편처럼 먼 곳에서는 태풍과 같은 강한 힘을 발생시켜 원하는 것을 이루어지게 만든다. 괴테는 다음과 같은 의미심장한 말로 표현했다.

"내가 원한다는 말에는 강력한 힘이 있다. 별이 하늘에서 떨어진 이유에 대해 한마디로 말하면 내가 원해서다."

'생각의 나비 효과'는 눈에 보이지 않아서 놀라움으로 다가온다. 흔히 '드러남의 법칙'이나 '끌어당김의 법칙' 들로 알려졌지만, 필자는 '생각의 나비 효과'라는 말로 새롭게 정의하고자 한다.

나비의 날갯짓 자체에는 힘이 없다. 지구 반대편에서 태풍을 불러일으킬 만한 힘은 바람들이 모이고 모여서 파동을 통해 확산되면서 이루어진다. 마찬가지로 생각 자체는 단순한 스위치에 불과하다. 우리 뇌속에 흐르는 수많은 뉴런들에 전기적, 화학적 흐름과 스파크가 발생한 것에 불과하다. 이러한 전기적, 화학적 흐름 자체에는 아무 힘도 없다. 그러다 차츰 우리 내면의 구석구석에 생각들이 확산되고 의식적으로 흘러간다. 몸을 지나 세상과 우주로 퍼져 나가면서 태풍 같은 힘과 에너지로 결집되어 눈앞에 실현되는 것이다.

필자는 기존의 드러남의 법칙이나 끌어당김의 법칙을 새로운 각도에서 재구성하고, 재해석하고자 하였다. 그 결과로 도출된 내용이 생각의 나비 효과이다. 아인슈타인은 '생각할 수 있는 것은 모두 실현 가능하다'고 표현하였다. 로버트 콜리어는 '가질 수 있다고 생각하면 이 세상에 가질 수 없는 것은 단 하나도 없다'라고 말했다.

나비 효과라는 말은 처음 미국의 기상학자인 에드워드 로렌츠가 발표한 논문에서 사용되었다. 그는 '중국 베이징에 있는 나비의 날갯짓이 미국 뉴욕에서 발생한 폭풍의 원인이 될 수 있는가?'라는 내용의 논문에서 '작은 변화가 엄청난 결과를 가져올 수 있다'는 것을 나비 효과라고 명명하였다.

나비 효과는 날씨에만 국한되지 않는다. 우리의 뇌 속에서 일어나는 작은 생각이 결국에는 엄청난 결과를 만들어 낼 수 있다. 생각의 나비 효과는 생각하는 대로 모든 것이 이루어질 수 있도록 거대한 태풍과 같은 힘을 우리 몸속에서 끄집어내는 강력한 스위치의 원리이다.

아주 작은 전기적, 화학적 변화가 우리 뇌의 뉴런을 통해 일어날 때 조금 더 큰 이미지로 확산된다. 이 이미지는 좀 더 큰 범위인 우리의 몸 전체로, 마음 전체로 확산된다. 다시 보다 큰 감정과 기분이 온몸에 흐르고 감싸게 한다. 기분과 감정, 눈에 보이지 않는 에너지는 우리 몸을 떠나 훨씬 큰 영역인 세상과 우주로 확산되어 나간다. 우주 어딘가에서 폭풍 같은 힘을 발휘하게 되고, 그 힘과 에너지는 작은 생각이 큰 현실로 나타나게 만든다.

작은 생각이 이미지가 되고, 이미지가 감정과 기분을 바꾸고, 감정과 기분은 행동과 습관이 된다. 행동과 습관은 우리의 인생 자체를 바꾸는 큰 효과로 나타난다. 이것이 바로 '생각의 나비 효과' 법칙이다.

나폴레온 힐의 저서 《생각하라. 그러면 부자가 되리라》는 생각의 나비 효과를 잘 나타내고 있다. 그는 세계 최대 거부들과 성공한 사람들의 삶을 오랫동안 연구하여 성공의 법칙을 밝혀내는 데 성공했다. 그는 앤드류 카네기, 토머스 에디슨, 찰스 슈왑, 마샬 필드, 윌리엄 듀런트, 월터 크라이슬러 같은 갑부들을 연구했다. 그 결과 성공의 법칙으로 가장 중요한 것을 우리의 마음 자세로 두고 있다.

마음가짐은 사람이 완전히 통제할 수 있는 유일한 대상이다. 마음가짐은 전자석과 같아서 한 사람을 지배하고 있는 생각, 목표, 의도의 결실을 끌어당긴다. 공포와 불안, 의심이 마음가짐을 지배하고 있다면 그처럼 부정적인 결과들을 끌어당긴다. 성공을 위해서는 출세, 행복, 열정, 건강, 신념, 희망, 자제심, 자유 같은 긍정적인 마음가짐을 가져야 한다는 것이다.

목표를 명확히 하고, 성공에 대한 희망을 품고, 자제심을 발휘하고, 긍정적인 정신 자세로 생각하고 또 생각해야 한다. 그렇다고 단순히 생각만 하고 원하기만 하면 아무 이유 없이 거저 얻게 된다는 말이 아니다. 준비된 자에게만 기회가 온다. 준비된 마음 자세가 매우 중요하다.

나폴레온 힐은 '부'를 부르는 마음가짐으로 성공과 관련된 생각을 자주 하는 습관을 들고 있다. 성공한 사람들은 성공과 관련하여 생각하는 습관을 지녔기 때문에 성공할 수 있었다는 것이다. 그는 실패한 사람과 스스로 패자라고 여기는 사람들조차도 마음가짐을 바꿈으로써 성공을 향해 전환할 수 있었다는 점을 강조했다. 성공을 향한 생각은 성공을 불러들이고, 실패를 향한 생각은 실패를 불러들인다.

상상 스위치를 켜면 우리 내면의 모든 에너지와 힘이 상상하는 그것에 집중되면서 결국 실현된다. 누가 얼마나 강력한 상상의 스위치를 켜느냐는 것이 실현 여부를 결정한다. 많은 연구자들은 '성공하는 사람은 생각이 다르다', '생각이 곧 현실이 된다', '생각하고 상상하면 그대로 된다', '세상 모든 일이 마음가짐에 달려 있다', '생각을 바꾸면 인생이 바뀐다'는 말들을 한다. 생각과 상상 스위치는 인간 내면의 놀라운 능력들을 깨우는 놀라운 스위치임에 틀림없다.

《네 안에 잠든 거인을 깨워라》의 저자인 앤서니 라빈스는 자신 안에 잠든 거인을 깨우는 첫 번째 길은 자신의 위대한 생각을 통해 진정한 결단을 하는 것이라고 했다. 목표 성취에 가장 어려운 것은 진정한 결단이다. 자주 결단을 내리고, 결단부터 배우고, 결단한 목표에 단호하면서도 유연하게 접근해야 한다. 결단을 즐기면서 진정한 결단의 거대한 힘을 기억하는 것이 자신 안에 잠든 거인을 깨우는 구체적인 방법이다. 그 결단은 크고 위대한 생각이 만들어 내는 것이다.

우리가 위대한 사람이 되는 길을 가로막는 것은 상황, 능력, 재능, 불운이 아니다. 우리의 생각이다. 우리의 생각이 행복하고 성공적인 삶을 살아가는 길을 방해하는 최대의 장애물이다.

성공은 마음먹기에 달려 있다

·····································

  본질적으로 성공은 마음먹기, 즉 생각에 전적으로 달려 있다. 성공하기 위해 인내가 필요하지만, 인내만으로는 성공하기 힘들다. 열정, 노력, 습관, 유머, 웃음 등도 마찬가지다. 하지만 우리는 생각을 통해 더 많은 인내를 가질 수 있고, 생각을 통해 보다 열정을 발휘할 수 있고, 생각을 통해 좀 더 노력할 수 있고, 생각을 통해 보다 나은 습관을 형성할 수 있고, 생각을 통해 유머가 더욱 풍부한 사람이 될 수 있고, 생각을 통해 훨씬 많이 웃는 사람이 될 수 있다.

  세상을 즐거운 모험의 세계, 도전의 세계로 생각하는 사람에게 세상은 부단히 도전하고 성취하려는 곳이 된다. 성취도가 월등히 높고, 성공할 공산이 매우 커진다. 세상을 고해라고 생각하거나, 자신의 힘으로는 아무것도 바꿀 수 없는 큰 운명의 수레바퀴 같다는 사람에게는 세상은 정말 그렇다. 그런 사람은 그저 고만고만한 인생을 살아가게 된다.

  어떠한 생각을 하느냐에 따라 건강하게도 아프게도 하며, 행복하게도 불행하게도 하며, 성공하게도 실패하게도 한다. 생각은 우리와 우리의 삶을 이끈다. 우리의 생각이 정확히 성공과 실패를 나눈다. 데일 카네기는 다음과 같은 간결한 문장으로 표현한 바 있다.

"행복한 일을 생각하면 행복해진다. 비참한 일을 생각하면 한없이 비참해진다. 무서운 일을 생각하면 무서워진다. 질병을 생각하면 병이 들고 만다. 실패에 대하여 생각하면 반드시 실패한다. 자기 스스로를 불쌍히 여기고 헤매면 틀림없이 남에게 배척당한다."

한 번의 실패를 겪고 평생 동안 재기에 실패하고 인생을 끝마치는 경우가 많다. 실패에 대한 견해와 생각을 바꾸지 못했기 때문이다. 실패에 대한 시각과 견해, 실패에 대한 자신의 생각을 바꾸지 못했기 때문에 영원히 성공할 수 없다. 실패를 영원한 실패로 만들지, 하나의 경험으로 만들어 성공의 발판, 성공의 씨앗으로 삼을지는 전적으로 생각에 달려 있다. 생각 스위치는 우리를 영원히 실패의 자리에 머물게도 하지만, 다시 성공의 자리로 나아갈 수 있게도 하는 셈이다.

크게 성공한 사람들의 공통점 중에 하나가 남들이 도저히 생각하지 못하는 위대한 생각을 해낸다는 점이다. 보통 사람들은 상식이라고 생각하는 선을 넘지 않는 데 반해, 성공하는 사람들은 선을 과감히 넘어 획기적이고 도발적인 발상을 서슴없이 한다.

중국 전한前漢 시대의 이광李廣이라는 장군은 활의 명수였다. 어느 날 사냥하러 갔다가 호랑이를 발견하고 화살을 겨냥해 쏘았다. 그는 이전에도 호랑이를 잡아 본 경험이 있었다. 이번에도 호랑이의 몸에 충분히 화살을 박아 넣을 수 있을 것이라고 조금도 의심하지 않았다. 자연스럽게 화살을 쏘았고, 화살은 정통으로 호랑이를 맞추었다. 이광은 여느 때와 다름없이 호랑이를 잡았다고 생각하였지만, 화살에 맞은 호랑이가 조금도 꿈틀거리지 않았다. 이상하게 생각하고 가까이 가서 보니 호랑이가 움직이지 않았던 이유를 알게 되었다. 호랑이가 아니라 큰 바위였던 것이다.

"내가 화살로 바위를 뚫었다니!"

이광 장군은 자신의 화살이 바위를 뚫었다는 사실에 도취되어 여러 번 화살을 발사해 보았다. 단 한 번도 바위에 박히지 않았다.

우리는 이 일화에서 중요한 사실을 깨달아야 한다. 우리가 무언가를 충분히 해낼 수 있다고 생각할 때와 잘될까 의심할 때에는 내면에 잠자던 능력과 에너지가 각각 다르게 켜진다는 것이다.

이광 장군은 목표물이 호랑이라고 생각하였다. 목표물을 충분히 뚫고 화살을 박을 수 있다는 무의식적인 자신감이 생겼다. 내면에 있던 에너지와 능력이 켜졌던 것이다. 하지만 바위라는 사실을 알고부터는 바위는 절대 화살로 뚫을 수 없는 생각이 생겼다. 기본적인 생각과 상식, 고정 관념이 장군의 능력과 에너지를 감쇄시켰던 것이다. 우리의 삶도 이와 같다. 할 수 있다는 크고 위대한 생각이 우리로 하여금 무엇이든 가능하게 해준다.

생각 자체만으로도 우리 인체 내에서 엔도르핀 수준을 높일 수 있다는 연구 결과를 1981년 테네시 대학교의 연구진이 발표했다. 긍정적이고 좋은 생각을 하면 엔도르핀 수준이 향상되고, 그로 인해 통증이 경감되는 효과가 있었다. 한마디로 '실제 생각만으로도 엔도르핀의 분비가 증가한다'는 것이다.

생각은 우리 몸의 화학 작용마저 바꾼다. 긍정적이고 행복한 생각을 하고, 유쾌하고 신나는 생각을 하면 엔도르핀의 분비가 실제로 증가하여 몸의 화학 반응이 달라진다. 반대로 화를 내고, 불쾌해하고, 스트레스를 받으면 우리 몸의 화학 반응도 마찬가지로 달라진다. 몸속의 모르핀이라 불리는 엔도르핀이 많이 분비되도록 긍정적이고, 행복하고, 유쾌하고, 신나는 생각을 많이 하면 통증이 경감되고, 기분이 좋아진다. 면역 체계도 강화되어 더 오래, 더 건강하게 산다.

병에서 나을 것이라는 생각 스위치를 켜면 병에서 낫는다. 일을 해낼 것이라는 생각 스위치를 켜면 일을 해낸다. 문제가 해결될 것이라는 생각 스위치를 켜면 문제를 해결한다. 사업은 이루어질 것이라는 생각 스위치를 켜면 사업은 이루어진다. 아이는 위인이 될 것이라는 생각 스위치를 켜면 아이는 위인이 된다.

할 수 있다고 생각하면 무엇이든 할 수 있다. 우리는 크고 위대한 생각을 해야만 한다. 벤저민 디즈레일리의 말처럼, 우리는 어떤 일이 있어도 생각보다 높은 곳으로 오르지 못한다. 우리가 생각을 위대하게 하면 할수록 위대함에 가까워질 수 있다. 위대한 위인과 평범한 사람을 가리는 것은 능력과 열정이 아니라 생각인 것이다.

남다른 생각이 유태인들을 만들었다. 유태인들은 머리가 뛰어난 민족도 아니고, 무조건 열심히 하는 민족도 아니다. 남과 다른 생각과 놀라운 상상력이 가장 많은 노벨상을 수상하는 민족을 만들었고, 전 세계의 부를 가장 많이 장악하는 민족을 만들었다. 생각과 상상력의 위력을 제대로 알고 삶에 100% 활용한 민족이 유태인들임에 틀림없다.

머리가 뛰어난 민족은 오히려 평화상을 제외한 학문 분야에서 노벨상을 하나도 받지 못한 한국인이다. 국민들의 평균 지능지수 검사에서 한국이 세계 최고 수준의 106이라는 사실을 아는가? 유태인들로 구성된 이스라엘은 94 정도였다. 유태인 민족이 머리가 좋아서 큰 업적을 이루었다는 말은 신빙성이 없다.

무조건 열심히 하는 민족은 OECD 국가 중에서 압도적으로 가장 오래 일하는 한국인이다. 유태인들은 안식일을 철저하게 지키는 민족이다. 금요일 저녁부터 토요일 저녁까지는 절대 일을 하지 않는다. 가족과 함께 신께 경배하며 안식을 취하는 민족이다. 한국만큼 공부벌레, 일벌레는 세계 어느 나라를 가봐도 없다. 유태인들이 다른 민족보다 열심히 일하고 노력해서 큰 업적을 성취했다는 판단도 잘못되었다.

유태인이 큰 업적을 달성하고, 수많은 위인들을 만든 결정적인 비결은 남과 다른 생각을 할 줄 알았기 때문이다. 유태인들에게는 다른 민족들과 다른 독특한 교육 방식이 있다. 계속해서 질문하여 생각하고 또 생각하게 한다. 끊임없이 논쟁을 즐기며, 끊임없이 상상하게 만드는 민족이다.

남과 다른 생각은 그 어떤 경쟁력보다 강력하다. 어리석은 사람의 생각이라도 취할 만한 훌륭한 것이 간혹 있을 수 있다. 우자일득愚者一得이란 말에 깔려 있는 본질은 남과 다른 생각이 가져다주는 위력이다.

아무리 좋고 훌륭한 생각이라도 남들도 똑같이 하는 생각에 불과하다면 큰 힘을 발휘할 수 없다. 약간은 부족한 생각이라도 남과 다른 생각, 특히 이 세상에 그 어떤 사람도 생각하지 못한 유일하고 독특한 생각이라면 놀라운 힘과 경쟁력을 가지는 무기가 된다.

옛말에 '슬기로운 사람도 천 번 생각에 한 번의 실수가 있을 수 있고, 어리석은 사람도 천 번이나 생각하다 보면 하나쯤 쓸모 있는 생각을 할 수 있다'고 했다. 생각하고 또 생각해야 한다. 그냥 암기만 하는 교육과 차원이 다르다. 성공과 실패가 종이 한 장 차이라고 한다면, 우자일득의 교훈을 마음에 새겨 남과 다른 생각을 할 수 있는 사람이 되고자 노력해야 한다.

성공과 행복의 기술 4

파안대소

- 破顔大笑 -

• • •

나에게 유머가 없었다면 오늘의 나도 없었을 것이다. 기억하라.
한 번 웃을 때마다 성공의 확률이 조금씩 높아진다는 것을.
- 오프라 윈프리

유쾌함과 즐거움은 하늘이고, 그 하늘 아래서는 모든 것이 번성한다.
- 장 파울

배가 고플 때는 노래를 부르고, 상처를 입었을 때는 웃어라.
- 유태인 속담

원하는 것을 칼로 얻으려 하지 말고, 웃음으로 얻으라.
- 셰익스피어

유머야말로 현대 정신 건강의 가장 위대한 발명이다.
- 옥타비오파스

내가 상대성 원리를 발견한 비결은 어릴 때부터 웃음을 중시한 데 있습니다.
- 아인슈타인

유머는 인간이 가지고 있는 가장 우아한 방어기제 중에 하나이다.
- 프로이트

부는 웃음 가득한 집만 노크한다.
-일본 속담

유머는 곤경을 딛고 올라서서 초연한 방식으로 우리 자신을 바라보게 해준다.
- 빅터 E. 프랭클

웃을 줄 아는 자가 성공한다

최근 갑자기 웃음과 유머가 성공 요인으로 인정받기 시작했다. 사실 우리가 뒤늦게 발견했을 뿐이지, 오래전부터 웃음과 유머는 성공의 필수적인 요소이었다. 우리나라 기업들도 인식이 바뀌어 무조건 열심히 일하는 사람보다 오히려 유머 감각이 있는 사람을 선호하는 추세로 변하고 있다.

기업들을 대상으로 설문 조사를 한 결과, 유머는 '면접 시에도 플러스 요인으로 작용한다'라고 말한 기업이 전체 기업 중 82%나 되었다. 삼성경제연구소의 SERI CEO 회원들을 대상으로 한 조사 결과에서도 비슷한 비율인 80%의 CEO들이 채용 시에 유머 있는 직원을 우선시하겠다고 밝혔다. 이제 유머는 하나의 경쟁력이 된 시대이다. 아니, 이미 유머는 경쟁력이었으나, 최근에 와서 다시 발견했을 뿐이다.

정신분석학자인 프로이트는 웃음과 유머가 억압된 적대감과 긴장을 해롭지 않은 방식으로 정화하는 카타르시스 기능이 있다고 했다. 웃음과 유머는 심리적 안정을 찾게 해주고, 긴장 완화를 시켜 준다. 그는 '유머야말로 인간이 가지고 있는 가장 우아한 방어기제 중에 하나'라고 말했다. 고대 철학자 아리스토텔레스는 인간을 '웃는 동물'이라고도 한 바 있다. 인간에게 웃음은 매우 유익한 고유한 특징이며 장점이다. 유머는 동물들이 가지고 있는 원초적인 방어기제들과는 다르게 우아하면서도 탁월한 방어기제이다.

웃음은 심리적 긴장뿐만 아니라 신체적 긴장도 이완시킨다는 사실을 미국의 스탠퍼드 대학의 프라이 박사는 오랫동안 연구해 왔다. 그는 웃을 때에 혈액 순환이 빨라지고 호흡수가 증가하여 산소 공급이 늘어난다는 사실을 확인하였다.

기업에서 몇 년 전부터 펀Fun 경영이 유행한 바 있다. 한마디로 즐겁게 웃으면서 일하면 직원들 관계도 좋아지고, 협력도 잘되고, 팀 분위기도 좋아지고, 일도 잘되고, 매출도 오르고, 이직률도 낮아지는 등 웃음을 경영으로 승화시킨 것이다. 기업 차원에서도 펀 경영을 통해 많은 유익을 본다. 하물며 개인 차원에서 웃음과 여유라는 스위치를 통해서 끌어올릴 수 있는 힘은 무한하다.

'오늘도 저희 항공사를 애용해 주셔서 감사합니다. 저희는 여러분을 사랑합니다. 그리고 고객 여러분의 돈도 사랑합니다'라는 웃기는 인사말로 시작하는 사우스웨스트 항공사는 오래전부터 펀 경영을 도입하여 크게 성장한 기업의 시초라고 할 수 있다. 수많은 전략과 실력과 자본을 가진 거대 항공사들이 줄줄이 도산하고 파업하던 불황기에도 유독 사우스웨스트 항공사는 성장했다. 유머와 웃음, 여유라는 스위치가 얼마나 큰 힘을 켜는 스위치인지를 말해 주고 있다.

미국의 경제 전문 잡지인 〈포춘〉이 일하기 좋은 100대 기업을 선정하여 공통점을 조사했다. 결과는 역시 '펀'이었다. 규율과 효율만을 강조하는 우리나라의 기업 문화와는 상당히 다를 수밖에 없다. 세계적으로 명성이 높은 기업들의 기업 문화에는 펀과 웃음이 자리 잡고 있다는 점을 우리는 명심해야 한다.

왜 재미있고 웃음이 넘치는 분위기가 일하기 좋은 100대 기업들의 공통적인 문화일까? 회사에서 일하고 수익을 내는 주체가 정서 없는 기계가 아니라, 감정을 가진 인간이라는 사실 때문이다. 인간이 가장 효율적으로 일할 수 있는 때가 웃으면서 즐거울 때이다. 인간이 가장 창조적으로 일할 수 있을 때가 웃으면서 즐거울 때이다. 인간이 가장 고차원적으로 일할 수 있을 때가 웃으면서 즐거울 때이다. 성공하고 싶다면 자신의 일을 재미있게 즐기면서 웃으며 해야 할 필요가 여기에 있다.

두 명의 나무꾼이 하루 종일 나무를 하게 되었다. 첫 번째 나무꾼은 정말 열심이다. 도무지 쉬지도 않고 아침부터 나무를 한다. 조금의 휴식도 여유도 없이 나무를 해서 오전에는 다른 나무꾼보다 훨씬 많은 나무를 했다. 반면에 두 번째 나무꾼은 얼핏 보면 너무 여유로워 보여서 쉬엄쉬엄 하는 듯 보인다. 정확히 50분마다 10분씩 휴식을 취하고, 때로는 30분마다 휴식을 취하기도 한다. 커피도 마시고, 물도 마시고, 음료수도 마신다. 때로는 도끼를 갈기도 한다. 당연히 오전에는 너무나 적은 나무를 했다.

두 명은 나무꾼은 모두 점심을 함께 먹었다. 첫 번째 나무꾼은 점심을 먹자마자 나무를 하기 시작했다. 두 번째 나무꾼은 여전히 여유를 가지고 충분히 휴식을 취한 후 나무를 했다. 오후 3시 이후가 되자 첫 번째 나무꾼은 탈진해 버렸다. 두 번째 나무꾼은 이상하게도 가면 갈수록 더 많은 나무를 하게 되었다.

결과적으로 쉬지 않고 여유를 가지지 않은 나무꾼은 탈진하였지만, 여유를 가진 나무꾼은 훨씬 많은 나무를 하고도 에너지가 고갈되지 않고 재충전되었다. 우리의 생활도 두 번째 나무꾼처럼 해야 한다. 너무나도 많은 사람들이 성공과 행복에 집착하여 쫓아다니다가 첫 번째 나무꾼처럼 탈진하고 병이 난다. 모든 에너지가 고갈되어 주저앉는 경우가 매우 많다.

성공을 최초로 과학적으로 다룬 책이라 평가받는 《부와 성공의 과학적 비밀》의 저자인 샌드라 앤 테일러는 저서에서 성공 법칙으로 드러남의 법칙과 끌어당김의 법칙 등을 소개하고 있다. 그중에서도 웃음소리는 엄청나게 큰 에너지가 발산되어서 아주 좋은 끌어당김의 법칙의 실천 방법이라고 주장한다. 웃음은 뇌의 모든 부분에 전기적인 충격을 주기 때문에 사고를 명료하게 하고, 창조력을 향상시키며, 스트레스를 줄여 주고, 생산성을 높여 준다고 그녀는 주장한다. 더불어 웃음은 세로토닌의 분비가 증가하여 웰빙 느낌을 갖게 해주며, 무엇보다 성공을 불러들이는 긍정적인 에너지를 폭발적으로 발산하므로 크게 웃는 게 엄청난 유익이라고 말한다.

웃음은 긍정적 사고를 하게 하고, 건강한 신체를 만들어 주고, 뇌를 활성화시켜 집중력과 문제 해결 능력을 3배나 향상시키며, 심장병 발병률을 낮추어 준다. 지금 이 순간 웃고 있는 당신을 세상에서 가장 행복한 사람으로 만들어 준다. 웃음은 공포와 염려를 막아 준다. 웃음은 몸의 치유 능력을 활성화하는 치유 스위치이기도 하다.

웃으면 복이 온다는 말은 누구나 알고 있다. 실제 과학적으로 근거가 있다. 많이 웃는 사람이 그렇지 못한 사람보다 훨씬 오래 산다는 연구 결과가 있다. 많이 웃는 사람의 몸속에서는 훨씬 더 많은 NK[Natural Killer]세포가 활성화된다. NK세포는 우리 몸에 해로운 세포나 바이러스를 찾아서 죽인다. 암 환자 중에 웃음을 통해 완치된 사람이 그토록 많은 이유이다.

웃음의 효과를 정리해 보면, 먼저 통증을 완화시키는 진통 효과가 있다. 웃으면 뇌하수체에서 진통제 성분인 엔도르핀이 분비되고, 부신에서는 염증을 낮게 하는 화학 물질이 나온다. 따라서 통증이나 신경통 같은 염증을 치료하며 완화시켜 준다.

두 번째로 혈액 순환을 향상시키는 효과가 있다. 웃으면 심장 박동 수가 두 배 증가한다. 폐에 남아 있던 나쁜 공기가 나가고, 대신 신선한 산소들이 들어와서 혈액 순환을 좋게 한다.

세 번째로 면역력 강화 효과가 있다. 웃으면 병균을 막는 항체인 인터

페론 감마 호르몬의 양이 200배 늘어난다. 백혈구와 면역 글로블린이 많아지는 대신, 면역력을 억제하는 나쁜 호르몬인 코티롤과 아드레날린이라고도 하는 에피네프린은 감소한다.

네 번째로 다이어트 효과가 있다. 한 번 크게 웃으면 우리 몸의 650개 근육 중에서 무려 300개의 근육이 움직인다. 뼈 200개와 함께 내장이 진동하면서 칼로리가 소모된다. 10분 동안 크게 웃으면 100m를 전력 질주한 효과도 난다. 땀 흘리지 않는 달리기라고도 말할 수 있다.

다섯 번째로 두뇌 활동을 활발하게 해주어 문제 해결력과 집중력이 향상된다.

여섯 번째로 알레르기와 아토피 치료 효과가 있다. 웃으면 근육들이 이완되고, 뇌에 엔도르핀이 분비된다. 마음을 기분 좋은 상태로 만들고 몸을 이완시켜 아토피와 알레르기 치료 효과가 있다.

일곱 번째로 웃으면 기분이 좋아져서 긍정적 사고를 하게 도와준다. 매사에 적극적이고 활기차게 임하는 효과가 있다.

여덟 번째로 당뇨병 개선 효과가 있다. 웃고 난 후에는 당뇨병 환자들의 혈당치가 크게 낮아진다는 연구 결과가 있다.

아홉 번째로 항암 효과가 있다. 웃으면 항체인 T세포와 NK세포가 증가한다. NK세포는 백혈구의 일종으로, 골수에서 주로 만들어져 암세포를 직접 파괴하는 역할을 하는 면역 세포이다.

열 번째로 심장병 예방 및 치료 효과가 있다. 심장병 환자들은 화를 잘 내고 적대감을 표시하는 경향이 있는데 웃음으로 상당히 개선된다.

원하는 것이 있다면 웃음으로 이룬다

수많은 여성들로부터 성공 모델로 여겨지고 있는 여자는 오프라 윈프리이다. 그녀는 자신의 불행했던 과거, 아픈 상처, 인종적 약점, 교육적 약점 등을 모두 웃음 스위치를 통해 극복하고 당당히 성공을 이룬 여자이다.

그녀는 흑인이었고, 사생아였고, 가난했고, 미혼모였고, 뚱뚱했다. 그녀는 첫 직장에서 일을 못한다고, 얼굴이 TV에 어울리지 않는다고 실직하면서도 웃음만은 포기하지 않았다. 도전을 포기하지도 않았다. 결국 그녀는 세계적으로 명성이 자자한 유명인이 되었다. 그녀는 다음과 같이 말하면서 웃음의 중요성을 강조했다.

'나에게 유머가 없었다면 오늘의 나도 없었을 것이다. 기억하라. 한 번 웃을 때마다 성공 확률이 조금씩 높아진다는 것을.'

미국 역사상 가장 존경받는 대통령인 링컨도 웃음의 힘을 실감했던 위인 중에 한 명이다. 그는 심한 우울증과 사업 실패, 평생에 걸친 엄청난 실패의 연속을 겪었다. 가장 불행하고 비참한 삶을 살다가 자살로 생을 마감할 수도 있었던 인생이었다. 그의 우울증은 너무나 심각했다.

친구들이 자살에 사용될 칼이나 가위를 곁에서 치우고 밤새도록 누군가 함께 있어야 한다고 생각할 정도로 심각했다.

그런 그를 지탱해 주고 위대한 대통령으로 만든 요인들 중에 절대로 빼놓을 수 없는 두 가지 있다. 하나가 제2 기술인 생각 스위치이고, 나머지 하나가 바로 제3 기술인 웃음 스위치이다. 절망과 고통으로부터 그를 구원해 준 것 중 하나가 바로 웃음 스위치였다. 남북 전쟁이 한창이었을 때, 그는 최악의 상황에서 열린 각료 회의 중에 침울해하는 모든 각료들에게 다음과 같은 말을 했다.

"만약 내가 웃지 않았다면 나는 이미 죽었을 겁니다. 여러분, 모두 웃으세요. 웃어야 삽니다."

웃음은 위기 상황에서 더욱 큰 스위치 역할을 한다. 그가 선거 유세장에서 자신의 못생긴 얼굴을 공격하는 상대방의 비방을 보기 좋게 유머로 물리치고 오히려 큰 인기와 지지를 얻었던 일화가 있다. 상원 의원 선거 유세장에서 상대편 진영의 경쟁자는 링컨을 아주 부도덕하고 교활한 면이 있는 이중인격자라고 매도하면서 공격했다. 보통 사람들이라면 화가 나서 유세에 실패하고, 인기와 지지도가 급락할 상황이었다. 링컨 대통령은 다음과 같은 유머로 오히려 유세에 성공을 할 수 있었고, 급기야는 폭발적인 인기와 지지를 얻게 되었다.

"만일 제가 또 하나의 얼굴을 가졌다면 오늘과 같은 중요한 날에는 잘생긴 얼굴로 나왔을 것입니다."

유머를 시기적절하게 구사할 줄 아는 사람은 실패의 위기를 성공으로 바꾸는 강력한 힘을 발휘한다.

셰익스피어는 다음과 같은 의미심장한 말을 남겼다.

"원하는 것을 칼로 얻으려 하지 말고, 웃음으로 얻으라."

유머는 인간에게 부여된 고유한 능력이며, 일종의 스위치이다. 빅터 프랭클 박사는 인간성을 구분하는 특성이 한 가지 있다면 유머 감각이라고 했다. 특히 우리 자신을 보고 웃을 수 있는 유머는 자기 이탈self detachment의 진수를 보여 준다.

유머 감각은 하루에도 수많은 일을 하며 바쁜 삶을 살아가야 하는 현대인들에게 더욱더 중요한 스위치로 부각된다. 자신이라는 감정적, 정서적 테두리에서 한 번씩 벗어나서 자유로움을 누리면 감정적, 정서적으로 건강할 수 있다. 사소하지만 번잡한 많은 일에 연연해하지 않을 수 있기 때문이다.

생존력이 강한 사람은 본능적으로 유머와 웃음을 갈망하고, 생존을 위해 이용한다. 수천 년 동안 박해와 고난을 받아 온 유태인들에게 웃음과 유머가 남달리 발달했다는 사실은 이를 뒷받침해 준다. '배가 고플 때는 노래를 부르고, 상처를 입었을 때는 웃어라'는 말은 유태인들의 속담이다. 그들은 무의식중에 웃음 스위치의 강력한 힘을 알고 있었던 것처럼 보인다. 상처를 치유하는 가장 좋은 방법은 웃음이기 때문이다.

19세기까지는 '슬프니까 울고, 기쁘니까 웃는다'는 사실이 기정사실로 여겨졌지만, 19세기 말 미국의 심리학자 윌리엄 제임스는 아주 혁신적인 가설을 발표했다. 바로 행동 감정 이론이다. 행동과 육체의 물리적 변화에 의해 감정이 영향을 받는다는 가설이다. 그래서 웃음은 기쁨보다 한발 앞선다고 주장했다. 슬프니까 우는 것이 아니라, 우니까 더욱 슬퍼진다. 의도적으로 웃으면 슬픔이 사라지고 기쁨이 온다는 것이다.

"행복하기 때문에 웃는 것이 아니다. 웃기 때문에 행복해진다."

그래서 그런지 몰라도 유태인들만큼 유머와 웃음을 추구하는 민족도 없을 것이다. 웃음과 유머를 추구할 줄 알았기에 유태인들은 성공적인 삶을 살 수 있었고, 지금도 성공적으로 살고 있다고 말해도 무방하다. 성공은 또한 '위기의 상황에서 어떻게 어려움을 잘 극복하고, 정신적 상처와 아픔, 좌절과 절망에서 잘 회복하느냐?'에 달려 있다고 할 수 있기 때문이다.

인간은 위기 상황에서 웃음과 유머로 어려움을 극복할 수 있다. 신적 상처와 아픔, 좌절과 절망도 웃음과 유머를 통해 회복될 수 있다. 유태인들은 일찍부터 이 사실을 삶에 철저히 적용시키고 이용하여 지금의 성공을 이룩한 민족이 될 수 있었다.

　사회적으로 성공하여 영향력이 있는 사람들과 언제나 행복한 삶을 살고 있는 사람들은 공통적으로 웃음과 여유라는 스위치를 항상 켜는 사람들이었다. 성공하였기 때문에, 행복하기 때문에 웃는 것이 아니라, 웃을 수 있어서 성공했고 행복해졌다는 사실을 명심해야 한다. 유머를 포함하여 웃음과 여유 스위치는 우리 몸과 마음의 잠자는 에너지를 켜는 중요한 스위치인 셈이다.

웃지 못하는 사람은 장사도 못한다

〈하버드 비즈니스 리뷰〉의 발표에 따르면, 연봉 등급이 평균인 임원과 연봉 등급이 높은 임원들의 생활에서 보이는 큰 차이점 중에 하나가 평소 일상생활에서 사용하는 유머성 발언의 사용 빈도라고 한다. 유머를 많이 사용하는 임원일수록 연봉이 높았다. 웃음과 여유가 있는 사람일수록 인간관계가 좋아지고, 매사에 일도 잘하고, 업무 효율도 높으며, 협력도 잘하고, 상대방으로부터 협조와 도움도 잘 이끌어 낸다.

하워드 노리쉬 박사는 말했다.

"나는 유머 감각이 없는 지도자를 만나 본 적이 없다. 이 능력은 자기 자신과 주위 환경을 견고하게 하고, 넓은 안목과 웃음으로 사물을 보게 한다."

최고의 인물이 되고, 지도자가 되고, 리더가 되고자 한다면 반드시 갖추어야 할 소양 중에 하나가 유머이다. 웃을 수 있는 여유와 자세로 인해 행복해지며, 여기에 덧붙여 성공도 하게 된다. 큰 실패와 시련 앞에서 웃을 수 있는 자들만이 성공할 수 있고 재기할 수 있다. 그만큼 배짱과 마음이 강하다는 증거이다.

웃음을 통해 확산되는 긍정적인 파동과 에너지는 또 다른 긍정적인 파동과 에너지와 연결 된다. 그러한 것들이 자연스럽게 자신에게 유입됨으로써 내면에서 잠자고 있던 에너지와 힘이 켜지게 된다. 비로소 실패를 성공으로, 불행을 행복으로 바꿀 수 있다.

"시련과 역경, 실패 앞에서도 웃을 수 있는 사람은 반드시 성공한다."

웃음으로 몸이 안정적이고 편안해지면 우리의 뇌파는 알파파를 발산한다. 알파파가 발산되는 때에 잠재 능력이 가장 잘 발휘되며, 집중력과 문제 해결력 등이 가장 뛰어나게 된다. 알파파 상태는 만사가 순조롭고, 자신의 능력을 최대한 발휘할 수 있는 뇌파 상태이다.

무엇보다 웃음은 심한 악조건 속에서도 매우 긍정적으로 생각하게 만든다. 쉽게 포기하거나 좌절하지 않게 하고, 오히려 여유를 가지게 해준다. 위급한 순간에도 문제 해결력을 향상시킨다. 정상적으로 깨어 있는 상태인 베타 상태보다 암시하는 효과가 뛰어나다. 보통 잠이 드는 순간과 잠에서 깨어나는 순간, 알파파 상태를 체험한다. 이러한 상태에 웃음을 통해 쉽게 접근할 수 있다.

'유머에는 마음을 해방시키는 요소가 있다'고 정신분석학의 아버지인 프로이트는 말한 바 있다. 웃으면 아세틸콜린의 분비가 높아지고 부교감 신경의 작용이 강해져서 편안한 몸과 마음을 만들어 준다. 위액의 분비가 활발해져서 소화도 잘된다. 혈압도 자연스럽게 낮아져서 심장에 부담이 없어지고, 혈중 당분이 감소한다. 이처럼 마음을 해방시키는 요소가 있어서 웃음은 자기만이 아니라 상대방에게도 전염성이 강하다. 자기가 웃으면 상대방도 영향을 받는다.

프린스턴 대학의 제이슨 박사가 실험을 실시한 적이 있다. 먼저 50명에게는 항상 웃음을 지으면서 물건을 판매하게 했다. 다른 50명에게는 무표정으로 물건을 판매하게 했다. 나머지 50명에게는 험상궂은 얼굴로 물건을 판매하게 했다. 물론 가격과 물건, 상황과 분위기 등은 최대한 엄격하게 통제한 상태였다.

웃음을 지으면서 팔게 한 팀은 목표량의 3배에서 10배까지 물건을 팔았다. 무표정으로 물건을 판매하게 한 팀은 목표량의 겨우 10~30%만 물건을 팔았다. 험상궂은 얼굴로 물건을 판매한 팀은 전혀 물건을 못 팔았다.

중국 속담에도 비슷한 결과를 말해 주는 속담이 있다.

"웃지 않는 자는 장사도 하지 마라."

웃음의 효과를 누구보다 잘 알고 있었고, 웃음의 효과 덕분에 큰 성공을 거두었던 사람이 있다. 미국의 전설적인 자동차 판매왕 조 지라드이다. 기네스북에 따르면 그는 12년 동안 연속 판매왕 자리를 지켜 왔다. 자동차를 하루 평균 5대 이상씩 12년 동안 판매하였다고 한다. 그는 다음과 같은 말을 남겼다.

"웃음은 사람의 마음뿐만 아니라, 지갑을 열게 하는 데도 아주 중요한 역할을 한다."

지위가 높아지면 일의 80% 이상이 타인과의 대화, 만남, 회의, 연설이다. 이때 더욱 웃음과 유머가 필요하다. 세계적인 권위지 〈타임〉의 편집국장으로 활동했던 하드리 도노번은 지도자의 필수 조건으로 유머 감각을 꼽았다. 인간은 논리적인 동물이지만, 감정에 보다 영향을 받는 감정적인 동물이기 때문이다. 모든 대화와 만남에서 분위기를 부드럽게 해주며, 커뮤니케이션을 원활하게 해주는 유머는 반드시 필요하다.

최고의 동기 부여가로 평가받는 브라이언 트레이시는 '성공의 95%는 다름 아닌 인간관계에 달려 있다'고 말한다. 인간관계를 향상시키고 좋게 만들어 주는 기술이 유머와 웃음임은 자명한 사실이다. 남을 웃기는 사람들은 절대 나쁜 평가를 받지 않는다. 자신을 웃기는 사람들에게 인간들은 무의식적으로 끌리기 마련이다. 자신을 재미있게 한 사람에게는 정신적으로 무장 해제가 되기 마련이다.

"유머 감각은 빡빡한 인간관계에서 한 방울의 기름이다."

지그 지글러는 말했다. 유머라는 한 방울의 기름이 인간과 인간 사이에 칠해지는 순간, 그 관계는 부드러워지고 순조롭게 기능하게 된다. 잘 돌아가지 않고 빡빡했던 기어 톱니바퀴에 기름칠을 하면 매끄럽고 부드럽게 돌아가는 것과 같다.

한 학자가 슈퍼마켓 강도들에게 물어봤다. 언제 강도짓을 실패하느냐는 질문이었다. 95%의 강도들은 종업원들이 눈을 맞추고 환하게 미소 지으며 인사할 때는 도저히 강도짓을 할 수가 없었다고 한다. 웃는 얼굴은 강력한 무기이며, 상대방을 정신적으로 무장 해제시키는 강력한 스위치이다. 진심에서 우러나오는 웃음과 미소는 절대적으로 사람들을 편안하게 만든다. 웃음 스위치는 어려운 상황에서도 단번에 막힌 물꼬를 트는 역할을 해주기도 한다.

웃음은 질병도 치료한다

....

'웃음을 통해 질병을 치료할 수 있다'는 사실을 의학적으로 이해시킨 영화가 로빈 윌리엄스 주연의 〈패치 아담스〉이다. 영화는 웃음 치료라는 획기적인 치료법을 의료 처방에 통합시킨 미국인 의사 패치 아담스의 이야기를 소개하고 있다.

우리는 웃음이 인간에게만 부여되었다는 사실을 알고 있다. 웃음이 인간에게 부여되지 않았다면 아마도 대부분의 사람들이 긴장과 극심한 스트레스로 전부 병원 신세를 져야 할지도 모른다. 심한 고통을 받는 환자라도 10분 정도 크게 박장대소하며 웃으면 2시간 정도는 고통을 잊은 채 단잠을 잘 수 있다. 웃음 스위치의 마법과도 같은 위력이다. 웃음은 우리 몸과 마음속에서 자고 있던 치유 능력과 진통 능력, 활기 능력을 다시 깨우는 스위치이다.

웃음 스위치는 우리의 감정을 변화시키는 스위치이기도 하다. 감정은 뇌에서 분비되는 화학 물질의 작용이라고 볼 수 있다. 웃으면 우리 몸에서 여러 가지 좋은 화학 물질이 증가한다. 그로 인해 우리 몸은 최고의 건강체가 될 수 있다. 웃으면 스트레스가 풀리고, 온몸이 웃기 전보다 건강한 상태로 변환되는 것이다.

영국이 낳은 세계 최고의 시인이며 극작가인 셰익스피어는 말했다.

"그대의 마음을 웃음과 기쁨으로 감싸라. 그러면 천 가지 해로움을 막아 주고, 생명을 연장시켜 줄 것이다. 유쾌한 마음을 가지면 오래 산다."

프리드리히 니체는 말했다.

"오늘 가장 기분 좋게 웃는 자는 역시 최후에도 웃을 것이다."

우리에게 주어진 오늘을 감사하고 기뻐하며, 누구보다 즐거워하는 자만이 가장 기분 좋게 웃을 수 있는 사람이다. 자신의 오늘을 두고 불만과 불안, 슬픔과 근심으로 가득 차 있는 사람은 결코 기분 좋게 웃을 수 없다. 당연히 최후에도 그렇게 웃을 수 없다. 오늘 하루 불만과 불안, 슬픔과 근심 속에서 살았다면 내일의 불안과 불만, 슬픔과 근심을 불러들이기 때문이다. 내일의 불안과 불만, 슬픔과 근심은 또 다른 내일의 불안과 불만, 슬픔과 근심을 불러들인다. 걱정과 슬픔은 걱정과 슬픔을 불러들이고, 기쁨과 웃음은 기쁨과 웃음을 불러들인다.

웃는 사람은 웃지 않는 사람보다 더 오래 살 수 있다는 좋은 점이 있다. 이처럼 웃음에는 너무나 다양한 유익함이 있다. 소설가이자 시인인 키플링은 말했다.

"네가 세상을 향해 웃으면 세상도 너를 향해 웃는다."

미국 시인 엘라 휠러 윌콕스도 말했다.

"웃어라. 그러면 세상이 당신에게 웃을 것이다. 울어라. 그러면 당신은 혼자 울게 될 것이다."

한 번 웃는 사람은 모르핀 주사를 2백 대나 맞은 효과가 있다. 매우 유쾌하게 웃을 때 우리의 몸에서는 모르핀보다 2백 배나 강한 엔도르핀이 분비된다. 그 어떤 명약보다 최고의 명약이 웃음인 것이다. 웃음으로 불치의 병을 치료하여 완치한 사람들이 그토록 많은 이유이다.

《질병의 해부》라는 놀라운 책을 쓴 노먼 커즌스는 미국의 UCLA의과 대학의 교수였다. 그는 아주 희귀한 척추염에 걸렸고, 생존율이 매우 낮았다. 5백 명 중에 한 사람만이 살아남는 병이었다. 0.2%의 생존율인 이 병은 고통이 심하여 수면제 없이는 숙면을 취할 수 없었다. 손가락조차 움직일 수 없는 고통도 수반하는 병이다. 불치의 희귀병보다 그를 괴롭힌 것은 사랑하는 가족들을 두고 죽어야 한다는 사실이었다. 그는 절망과 좌절 속에서, 사랑하는 가족들을 떠나야만 한다는 고통 속에서 하루하루 살아가게 되었다.

그러던 그에게 한 가닥 희망을 준 것은 뛰어난 치료법이나 약물이 아니라 단 한 권의 책이었다. 좌절과 절망 속에 있던 그에게 희망을 준 위대한 책은 캐나다 의사인 한스 셀리가 쓴 《삶의 스트레스》라는 책이었다. 이 책이 주장하는 핵심은 '스트레스가 수많은 질병의 원인'이라는 내용이었다. 스트레스와 부정적인 감정은 우리 몸에 화학적 변화를 일으켜 피질 호르몬을 마르게 한다. 그 결과 면역력을 심하게 떨어뜨려

각종 질병을 불러들인다는 주장이었다.

커즌스는 이 책을 읽고 웃음을 통한 긍정적인 감정과 반응이 병을 치료할 수 있으리라는 아이디어를 얻게 되었다. 그는 자신의 아이디어를 몸소 실천했다. 날마다 코미디 영화를 보고 유머집을 읽었다. 날마다 크게 웃고 또 웃고 웃었다. 그러자 정말로 기적이 일어났다. 심한 고통에 시달려야만 했던 그는 수면제 없이도 편안한 숙면을 몇 시간 동안 취할 수 있게 되었다. 온몸의 발진과 심한 고통들이 차츰 사라지기 시작했다. 급기야 생존율이 0.2% 밖에 안 되는 불치의 병이 완치가 된 것이다. 웃음은 이처럼 강력한 힘을 내면에서 형성시켜 우리가 건강하게 살아갈 수 있도록 도와주는 건강 도구이다.

여자들이 남자들보다 평균 7.5년 더 오래 사는 이유는 무엇일까? 남자들보다 여자들이 자주 웃기 때문이라고 볼 수 있다. 어린이들은 하루에 300번에서 500번 이상 웃는다. 어른들은 겨우 10번 정도 웃는다고 한다. 만약 아이들처럼 많이 웃으면 전 세계에서 가장 높은 한국인 40대 사망률이 훨씬 낮아질 것이 확실하다.

웃을 수 있는 환경과 분위기가 아니라고 하소연하는 사람들이 많다. 이러한 사람들을 위한 좋은 소식이 있다. 가짜 웃음(안 웃겨도 일부러 웃는 웃음)도 진짜 웃음(정말로 웃겨서 웃는 웃음)과 동일한 효과를 만들어 낸다는 사실이다.

앞에 살펴봤듯이 우리 뇌는 가짜 웃음과 진짜 웃음을 구별할 수 없다. 가짜 웃음으로 웃어도 우리 뇌는 진짜 웃음인 줄 알고 동일한 반응을 보인다. 가장 웃음이 필요할 때는 오히려 진짜 웃음을 만들 수 있는 유쾌한 때가 아니다. 가장 절망적인 상황일 때이다. 코미디언 빌 코스비는 말했다.

"웃음이 있으면 고통스러운 상황도 극복할 수 있다. 만약 당신이 웃을 수 있다면 살아남을 수 있다."

영국의 소설가인 찰스 디킨스도 비슷한 의미의 말을 했다.
"질병과 슬픔을 극복하는 데 도움이 되는 것은 웃음과 유머뿐이다."

우리는 웃음으로 고통스러운 상황과 스트레스, 질병과 슬픔을 극복할 수 있다. 풀기 어려운 많은 복잡한 상황에서 비롯되는 고도의 긴장도 해소할 수 있다. 웃음 스위치를 통해 우리는 자신감을 회복할 수 있고, 보다 나은 인간관계를 형성할 수 있다.

웃음은 우리 내면에 있는 잠자는 자신감과 여유를 켜주는 역할을 가장 잘해 내는 스위치이다. 웃음 스위치는 내면에 존재하고 있는 부정적인 감정과 사고를 잠재우고, 대신 긍정적인 감정과 사고를 켜는 역할을 한다.

웃음과 유머가 우리와 우리의 삶, 인간관계에 얼마나 좋은 유익을 주는지 살펴보았다. 그 사실을 이제 누구보다 잘 아는 사람이 되었다. 지금 이 순간부터 당장 당신의 웃음과 유머를 가동하는 일만 남았다.

"웃을 수 있는 힘, 일을 멈추고 흥겹게 떠들며 놀 수 있는 힘, 힘든 삶 속에서 모든 것을 잊고 명랑해질 수 있는 힘은 인간에게 주어진 성스러운 선물이다."

캠벨 모간 박사의 말처럼 인간에게만 주어진 성스럽고 귀한 선물인 웃음과 유머 스위치를 지금 이 순간 켜도록 하자. 웃거나 유머를 이용하지 않은 하루는 매우 큰 손해를 본 하루임에 틀림없다. 웃음과 유머로 우리가 받을 수 있는 유익함은 그렇지 못했던 하루에 비해 너무나 큰 차이를 가져온다. 오늘 하루 웃지 않고 보냈다면 큰 손실이며 불행이다. 웃으면 행복이 오고 성공이 온다는 사실을 명심하자.

일희일비하지 않는다

....

   위대한 삶을 살다간 위인들에게서는 우리가 쉽게 찾아 볼 수 있는 공통점들이 존재한다. 그 중에서 남들이 잘 발견하지 못 한 찾아보기 힘든 공통점들도 존재 한다. 그렇게 찾기 힘든 공통점 중에 하나를 꼽으라고 한다면 필자는 서슴없이 '그들에게는 일희일비—喜—悲하지 않는 다는 공통점'이 있다고 말할 것이다.

   필자의 주장이 맞는다면, 만약에 그렇다면 왜 그들은 일희일비하지 않았을 까? 그것은 바로 그들은 자신이 하는 일에 대해 완전하게 몰입할만큼 미쳐있었던 사람이기 때문일 것이다.

   위대한 대가大家, 명인名人, 장인匠人, 달인達人, 거장巨匠 등은 모두 자신의 일에 완전하게 몰입했던 사람들이다. 그러한 몰입의 정도는 평범한 사람들의 수준을 훨씬 뛰어넘어 자신의 일에 완전하게 미친 사람처럼 보이고도 남았을 것이다.

   자신의 일에 완전하게 미쳐서 자신의 일에 몰입하는 사람은 결과에 연연하지 않는 경지에 이르게 된다. 그래서 그때 그때의 결과에 일희일비하지 않는다. 그들은 일을 하는 그 순간 누구보다 크게 웃을 뿐이다.

그들은 결과에 신경 쓰지 않는다. 물론 일을 하기 전에는 큰 목표를 성취하기 위해 시작하더라도 일을 하는 그 순간만은 그 어떤 것도 그들을 흔들지 못한다.

세상에 휘둘리는 사람은 환경에 따라 웃기도 하고 울기도 한다. 하지만 거인일수록 환경이 아닌 자기 자신의 마음가짐에 따라 항상 크게 웃을 수 있다. 그래서 거인일수록 어떤 환경에서도 느긋함과 여유를 느낄 수 있는 것이다. 생각이 작고, 행동이 작고, 큰 성공을 해보지 못한 사람일수록 가난과 궁핍과 온갖 생활고에 찌든 삶을 살아간다. 그래서 일희일비 할 수밖에 없다. 하지만 거인일수록 생각이 크고, 행동이 크다. 그로 인해 큰 성공을 하게 되고, 그 결과 세상의 작은 일들에 의해 일희일비하지 않는 사람으로 성장하게 되는 것이다.

현대에 와서 각광을 받고 있는 긍정심리학의 본질은 일희일비—喜—悲하지 않는 거인들의 마음 자세를 토대로 하고 있음을 우리는 알아야 한다. 현대의 서양 사상가들과 심리학자들은 일희일비하지 않고 일관되게 삶에 대해 긍정적 자세를 가지는 것이 행복과 성공의 기술이라는 사실에 대해 이견을 두지 않는다. 일희일비하지 않고 항상 긍정적인 자세로 일관하는 사람은 생산성이 높고 면역체계도 더 건강하고 돈도 더 많이 벌고 성공도 더 많이 한다는 사실을 이제 겨우 발견하게 되었던 것이다. 미국의 긍정심리학자인 소냐 류보머스키 리버사이드 캘리포니아 주립대학의 심리학과 교수는 자신의 저서인 《행복도 연습이 필요하다

How to be happy》란 책을 통해 행복하기 위해서는 무엇보다 감사와 낙관주의를 길러야 한다고 주문했다.

"행복을 가져다주는 것은 삶에 대한 긍정적 자세이며, 그로 인해 행복해진 사람들은 생산성이 높고 면역체계도 더 건강하며 돈도 더 많이 번다."

하지만 이러한 사실은 이미 동양에서는 거인들과 거장들의 달관한 삶의 모습에서 쉽게 찾아볼 수 있다.

동양의 현인들은 말한다.

" 백리를 가는 사람에게는 구십 리가 반이다行百里者半九十"

'전국책, 진책오秦策五'편에 나오는 구절로 큰일을 해내는 사람들은 구십 리를 왔다고 해서 경거망동하거나 나태하지 않는 다. 그들은 작은 성공이나 가시적인 성과에 일희일비하지 않는다. 일희일비 하지 않을 때는 다리가 짧아서 엉금엉금 기어갈 수밖에 없는 자라라 할지라도 천리를 갈 수 있다는 사실을 우리는 명심해야 한다. 반대로 아무리 능력이 뛰어난 인간이라도 작은 성공에 일희일비하게 되면, 곧 자만과 나태해 질 수 밖에 없게 되고, 큰 성공을 하지 못하게 된다.

우리의 선조들이 젊었을 때의 성공을 경계하는 이유가 바로 이것이다. 젊었을 때는 고생을 많이 해 봐야 한다. 젊었을 때 사서도 한 고생은 우리로 하여금 일희일비하지 않을 수 있는 내공을 기르게 해주기 때문이다.

그래서 옛말에 '초년 고생은 돈을 주고도 못 산다', '초년 고생은 양식 지고 다니면서도 한다', '초년 고생은 은을 주고 산다'라는 말들이 생겨났다는 사실을 명심하자.

미국 항공 우주국인 NASA에서는 우주 비행사라는 막중한 책임을 짊어져야 할 인력을 선발 할 때, 독특한 경력을 가진 사람을 선호한다. 그 독특한 경력이란 어떤 상황에서도 일희일비하지 않고 침착함과 냉정한 이성을 유지할 수 있는 경험을 한 경력이다. 과연 어떤 경력이 그런 능력을 길러주는 경력일까? 그것은 바로 인생을 살면서 심각한 위기를 겪어 보고, 큰 실패를 했던 경험이었다.

NASA에서는 달 착륙을 위한 아폴로 11호에 탑승할 우주인들을 선발했다. 그런데 이 우주 비행사 자리를 놓고 수많은 사람들이 지원을 했다. 기본적인 서류 심사를 통해 1단계에서 통과한 사람만 수천 명에 달했다. 그 다음 단계로 NASA에서는 특별한 테스트를 했는데 그것이 바로 엄청난 고생과 엄청난 실패의 경험을 가지고 있는 사람들만을 선발하는 테스트였다.

한 번도 큰 실패를 해 보지 않은 사람들은 아무리 머리가 좋고, 운동 신경이 뛰어나다고 해도 우주 비행 중에 발생할 수 있는 다양한 위기 상황에서 동요되지 않고, 흔들림 없이 임무를 수행하고 위기를 극복해 낼 수가 없다는 것이다. 하지만 큰 실패를 해 본 경험이 있는 사람은 절대로 당황해서 경거망동하지 않을 수 있고, 어렵고 힘든 상황을 잘 극복해 낼 수 있다. 결국 어떤 상황에 직면하더라도 일희일비 하지 않는 진중한 사람이 필요하다는 것이다.

인생을 살아갈 때도 이와 다르지 않다. 우주 비행과 같이 다양한 상황을 만나게 되고 직면하게 된다. 그 때마다 파도처럼 요동치고 심하게 흔들리고 일희일비한다면 더 큰 목표를 위해 나아가지 못하게 된다. 비범한 사람과 평범한 사람을 가르는 것은 바로 이것이다. 작은 성공에 그 사람이 너무 기뻐하고 자만하고 우쭐해지는지, 아니면 남들은 도저히 상상도 못하는 엄청난 성공을 했음에도 눈썹하나 머리카락 하나도 흔들리지 않고 자신의 일을 우직하게 해 나가는지 그것을 보면 알 수 있는 것이다.

현실에 수동적으로 일희일비 하지 않고, 어떤 현실 속에서도 주도적으로 날마다 파안대소 하며, 자신의 길에 몰입하며 사는 멋진 삶을 살도록 하자.

성공과 행복의 기술 5

습여성성

- 習與性成 -

...

사람은 반복적으로 행하는 것에 따라 판명된 존재다.
따라서 우수성이란 단일 행동이 아니라 습관이다.
- 아리스토텔레스

좋은 습관은 모든 성공의 열쇠이다.
- 오그 만디노

습관의 힘이 얼마나 강력한지는 누구나 잘 알고 있다.
- 찰스 다윈

일상(의 습관)을 바꾸기 전에는 삶을 변화시킬 수 없다.
성공의 비밀은 자기 일상에 있다.
- 존 맥스웰

하나의 새 습관이 전혀 알지 못하는 우리 내부의 낯선 것을 일깨울 수 있다.
-생텍쥐페리

습관이 인간의 전부이며, 습관이 바로 미덕이기도 하다.
- 메타스타시오

습관은 눈에 안 보이는 실과 같다. 그러나 행동을 되풀이할 때마다 끈이
차츰 강화된다. 거기에 또 한 가닥이 더해지면 마침내 굵은 밧줄이 되어
우리의 사고와 행동을 돌이킬 수 없게 묶어 버린다.
- 오리슨 스웨트 마든

습관을 바꾸면 인생이 바뀐다

....

"성공한 사람들은 말의 절반이 칭찬이다."

칭찬하는 습관이 있는 사람들 대부분은 인간관계가 좋다. 사회생활이 부드럽고 즐거우며 유쾌하기까지 하다. 성공하는 사람들을 살펴보면 말의 절반이 칭찬이다. 나머지 반은 '죄송합니다. 미안합니다'라는 말이다. 그만큼 성공하는 사람들, 행복한 사람들은 자기 위주가 아닌 상대방 입장에서 먼저 말을 한다. 보다 중요한 것은 칭찬도 하나의 습관이며, 그것도 매우 중요한 습관이라는 점이다.

칭찬에 인색한 사람치고 크게 성공하는 사람은 없다. 필자의 직장생활을 살펴보니, 칭찬을 탁월하게 잘하는 사람들이 대부분 높은 자리까지 올라갔다. 부하 직원들의 숨은 에너지와 힘을 칭찬이라는 말 한마디로 끌어올릴 줄 아는 탁월한 능력을 가지고 있었다. 칭찬하는 습관이 성공을 위해 반드시 필요한지는 몰라도, 대부분의 성공한 사람들은 말의 절반이 칭찬이더라는 사실을 명심하자.

"행복한 사람들은 말의 절반이 감사이다."

성공하는 사람들의 말의 절반이 칭찬이라면, 행복한 사람들의 말의 절반은 무엇일까? 바로 감사하는 습관이다. 행복한 사람들의 말을 살펴보면 언제나 감사하고 있음을 쉽게 파악할 수 있다. 그만큼 감사는 행복하게 살기 위해 매우 중요한 습관임에 틀림없다. 감사하는 습관을 가진 사람은 가장 큰 즐거움을 만들어 내는 습관을 획득한 셈이다. 감사를 하면 우리는 가장 큰 즐거움을 맛볼 수 있다.

감사의 효과와 위력에 대해 최근의 심리학자들과 철학자들은 이전보다 많이 연구하고 있다. 그들은 활발한 연구를 통해 모든 인간에게는 행복할 수 있는 '기준'이 있다는 증거를 찾아냈다. 바로 감사하는 습관이다. 행복하고 건강하게 살고 싶다면 감사하는 습관을 만들어야 한다. 감사도 처음에는 힘들고 어려울 수 있다. 노력하고 의도적으로 감사하다 보면 나중에는 습관이 되어 날마다 감사할 수 있게 된다.

"우리가 반복적으로 하는 행동이 우리를 형성한다. 그러므로 위대함은 하나의 행동이 아니라 습관이다."

아리스토텔레스가 한 말도 습관 스위치의 강력함 때문이다. 칭찬하는 습관과 감사하는 습관을 통해 나오는 결과물은 부드럽고 윤택한 인간관계이다. 부드럽고 윤택한 인간관계는 성공과 행복의 제1 기술이다. 성공과 행복의 길로 갈 수 있는 최고의 길임에 분명하다. 칭찬하는 습관과 감사하는 습관 같은 좋은 습관은 성공과 행복을 얻는 좋은 기술인 것이다.

또 하나의 성공과 행복을 보장하는 습관은 결단하는 습관이다. 실패하는 사람들은 언제나 우유부단하여 도전하지 못하고, 망설이다가 기회를 놓쳐 버린다. 성공하는 사람들은 생각은 신중하게 하면서도 결단력 있는 행동을 보여 준다. 결단하는 습관이 크게 성공하는 사람들의 공통점이다.

성공의 조건을 제시하는 심리학자 중에 결단하는 습관을 꼽는 사람들이 많다. 우유부단한 사람치고 성공하는 사람은 매우 적다. 성공을 위해서는 결단력이 있어야 하고, 그 결단력을 실행하는 습관도 있어야 한다. 좋은 습관들을 많이 가진 사람일수록 성공하고 행복할 공산이 크다.

"실패한 사람과 성공한 사람의 차이는 단지 그들의 습관에 있다. 좋은 습관은 모든 성공의 열쇠이다."

오그 만디노는 자신의 저서 《이 세상에서 가장 위대한 세일즈맨의 비밀》이란 책에서 말하고 있다.

성공한 사람들을 살펴보면 비슷한 습관들을 많이 가지고 있다. 비슷한 습관 중에 대표적인 것이 아침형 습관이다. 비록 저녁형인 사람 중에 성공을 거둔 사람도 없지는 않지만, 대부분의 성공한 사람들은 아침 일찍 일어나는 아침형이다. 아침에 일찍 일어나는 습관을 가진 사람들은 하루를 보다 여유 있고 알차게 보낼 수 있다. 그렇지 못한 습관을 가진 사람보다 모든 면에서 유리하다.

　습관은 우리 삶의 모든 부분에 큰 영향을 준다. 습관은 뇌의 자동 메커니즘과 매우 밀접하게 연관이 있고, 우리의 뇌는 사실상 모든 몸과 마음에 연결되어 있기 때문이다. 좋은 습관은 자신의 내면의 크고 위대한 능력과 에너지를 켜기 때문에, 크고 위대한 결과들을 만들지만, 나쁜 습관은 자신의 내면에 있는 부정적인 에너지만을 켜기 때문에, 부정적이고, 나쁜 결과들을 만들 뿐이다.

　"습관을 바꾸는 것만으로도 자신의 인생을 바꿀 수 있다."

　윌리엄 제임스의 말이 의미하는 바는 부정적이고 나쁜 결과를 만드는 나쁜 습관 스위치를 좋은 습관으로 변화시키면 인생도 바뀔 수 있다는 것이다. 우리가 가지고 있는 습관들을 재조명해 봐야 한다. 우리의 삶에 어떠한 영향을 주는지 평가하고 관찰해서 개선이 필요하다면 과감하게 개선해야 한다. 나쁜 습관인 경우에는 단호하게 버려야 한다.

　성공으로 이끈 과거의 습관들이 평생 우리에게 필요한 습관들이라고 할 수는 없다. 과거 성공했을 당시의 환경이나 인간관계, 조건들이 미래에도 변하지 않고 그대로 있다는 보장이 없다. 당장 일 년 후도 예측 불가인 급변의 시대이다. 과거 성공하던 때에 가지고 있던 습관들을 가장 최고의 습관이라고 쉽게 단정 지어서는 안 된다. 어떤 습관들은 버리고, 어떤 습관들은 개선함으로써 보다 나은 미래를 만들어 나갈 수 있다. 이미 가지고 있는 수많은 습관들을 날마다 변화시키고 개선해 나가야 한다는 사실을 꼭 명심해야 한다.

성공하게 만든 습관과 긍정적 생각, 신념들이 '보다 큰 성공'으로 가려는 시도를 방해할 수 있다는 것을 발견한 사람은 마셜 골드스미스이다. 마셜은 저서를 통해, 작은 성공을 거둔 사람들의 지나친 확신은 보다 큰 성공을 위한 행동 변화에 있어 또 다른 장애물이 될 수 있다고 했다. 긍정적인 생각, 습관에도 동일하게 적용이 된다고 한다.

지금껏 성공적으로 일을 해왔고, 성공도 거두었기 때문에 고쳐야 할 나쁜 습관은 없다고 많은 사람들이 확신한다. 보다 큰 성공을 위한 습관의 변화에 집중하지 않는다. 정말 큰 성공을 거두는 사람이 그토록 적은 이유라고 한다. 어느 정도의 성공은 나쁜 습관이 있어도 때로는 가능하며, 이어질 수도 있다. 완벽한 습관을 가진 사람은 없다. 평생 동안 습관을 계속 개선해 나가는 데 집중하는 사람들이 큰 성공을 거둔다. 그런 사람들이 지속적인 성공을 오랫동안 거둔다.

생각 스위치만큼이나 다양한 종류가 있는 스위치가 습관 스위치이다. 습관들 중에서 가장 중요한 습관으로 '성공 습관'을 들고 싶다. 성공도 하나의 습관이라고 생각한다. 무슨 일이든지 해내는 사람들은 다른 일을 시작해도 해내고 만다. 작은 일에 성공한 사람은 큰일에도 성공할 공산이 크다. 일상에서 다양한 성공을 하는 사람은 성공 그 자체가 하나의 습관이 된다. 성공에 중독될 수 있다. 성공이란 열매의 달콤한 맛을 본 사람은 그 맛을 다시 보기 위해 혼신과 열정을 다해 노력하는 것이다.

습관은 어떤 일도 해낼 수 있게 해준다

러시아의 대 문호 도스토옙스키는 말했다.

"습관이란 인간으로 하여금 그 어떤 일도 할 수 있게 만들어 준다."

마라톤을 통해 쾌감을 느끼는 사람들이 많아서 '러너스 하이runners' high'라는 용어도 발생했다. 마라톤을 하면 어느 시점에서 말할 수 없는 즐거움이 몸속에서 발생된다. 마라톤에 중독되면 아침마다 어김없이 마라톤을 하는 게 강한 습관이 된다. 비가 와도 이 맛을 아는 사람들은 우산을 든 채로 뛴다.

마라톤처럼 성공의 희열을 느끼면 성공이 또 다른 쾌감을 양산하는 중독 요인이 된다. 성공 습관을 형성하면 온몸과 마음의 에너지가 성공을 향하여 몰입한다. 급기야는 성공을 습관처럼 해버리고 만다. 이것이 '성공 습관' 스위치이다.

이 '성공 습관'의 모델 기업이 '삼성'이다. 삼성이 처음부터 국내 1등은 아니었다. 한번 1등 하자 1등이 습관이 됐다. 1등 할 때의 쾌감과 분위기와 방법을 터득했다. 2등에서 1등으로 올라서기 위해서는 남들보다 훨씬 많은 노력과 에너지와 힘이 든다. 하지만 한번 1등을 하면 적은 노력과 에너지로도 1등을 계속 하는 습관에 빠져든다.

'성공 습관'의 최대 단점은 1등에 안주한다는 것이다. 삼성은 애플 아이폰처럼 세상을 변화시킬 만한 혁신적인 제품을 만들지 못했다. 애플같이 적자도 내보고, 절체절명의 위기에 빠져 본 회사들은 두 가지 길 중에 하나를 선택하게 된다. 완전히 망해서 세상에서 사라지든가, 아니면 세상을 바꿀 만한 혁신적인 제품을 만들어 선도하든가. 적자 위기를 경험한 애플은 세계에서 가장 창조적인 기업이 될 수 있었다.

1등에만 안주하는 성공 습관을 가진 회사는 절대 창조적인 기업이 될 수 없다. 성공 습관은 기존의 정형화된 고정 틀에 의해 형성된 것이다. 그래서 도저히 세상을 바꿀 만한 아이디어를 생각해 낼 수 없고, 생각한다 하더라도 실행에 옮길 수 없다. 성공 습관, 1등 하는 맛에 중독되어서 다른 것이 눈에 보이지 않는다.

도산 위기에 빠졌던 기업은 그 맛에 중독되어 보지 못했다. 세상의 정형화된 고정 틀과도 아무런 관계가 없다. 기존의 경기 판을 뒤집어엎고자 한다. 따라서 끊임없이 새롭고 혁신적인 상품을 생각하고 만든다.

1등을 한 번도 못 한 기업들에게는 1등에 안주하는 기업들이 위대해 보일지도 모른다. 하지만 1등에 안주하는 기업들은 그 이상이 될 수 없다. 자신을 넘어설 수 없다는 의미이다. 이러한 사실을 정확히 지적한 책이 짐 콜린스의 《좋은 기업을 넘어 위대한 기업으로》이다. 짐 콜린스는 수많은 기업이 위대한 기업이 되지 못하고 그저 좋은 기업으로 남는 가장 큰 이유가 좋은 이윤과 좋은 매출에 안주하기 때문이라고 분명하게 말한다. 그럭저럭 만족할 만한 수준에서 만족하고 안주하기 때문에 좋은 기업에서 위대한 기업으로 넘어서지 못한다고 꼬집는다.

큰 성공을 지속적으로 성취하는 사람들에게는 현실에 안주하는 나태한 사고 습관이라는 마이너스 스위치가 없다는 공통점이 보인다. 현실에서 기쁨을 누리고 행복해도 미래에 보다 큰 성공을 위해 노력을 멈추지 않는 '계속 모드' 습관을 가지고 있는 사람들이 결정적인 스위치를 갖고 있는 셈이다.

"성공적인 미래는 현재 우리의 습관에서 비롯된다."

미래 삶의 모습은 현재 우리들이 무심코 하루하루 행동으로 옮기는 작은 습관들을 보면 예측할 수 있다. 좋은 습관은 미래의 성공과 행복을 부르고, 나쁜 습관은 미래의 실패와 불행을 부른다.

그렇다면 습관은 어떻게 형성될까? 중추 신경인 뇌와 매우 밀접한 관련이 있다. 우리가 어떠한 행동을 21일 정도만 매일 하면, 물리적으로 뇌세포에서 흐름의 패턴이 굵고 촘촘하게 형성된다. 우리의 뇌는 가장 게으른 방법으로, 가장 에너지가 적게 드는 방법을 추구한다. 21일 동안 매일 하는 행동은 뇌에게 습관화된 행동으로 각인된다. 무의식 중에 에너지가 적게 소비되면서 자동적으로 한다. 그렇게 '습관은 제2의 천성'이 된다.

"습관은 나무껍질에 글자를 새긴 것과 같다. 나무가 커지면서 글자도 커진다."

《자조론》의 새뮤얼 스마일즈의 말대로, 습관 스위치를 일단 켜면 힘들이지 않으면서 그 위력은 시간의 흐름에 비례하여 커지는 묘미가 있다. 그래서 습관이 그 어떤 스위치보다도 강력하다고 할 수 있다.

습관의 시작은 앞에서 말한 대로 20일 동안의 행동이다. 그 행동의 시작은 우리의 생각이어야 한다. 스마일즈는 다음과 같이 말했다.

"생각의 씨를 뿌리면 행동을 거둬들일 것이요, 행동의 씨를 뿌리면 습관을 거둬들일 것이요, 습관의 씨를 뿌리면 성격을 거둬들일 것이요, 성격의 씨를 뿌리면 운명을 거둬들일 것이다."

다음과 같이 바꾸어 말해도 동일한 의미이다.

"생각을 바꾸면 행동이 달라지고, 행동을 바꾸면 습관이 달라지며, 습관을 바꾸면 성격이 달라지고, 성격을 바꾸면 운명이 달라진다."

습관을 바꾸면 성격도 달라진다. 습관은 또 다른 천성이 된다. 자신의 성격에 맞지 않아도 습관화하면 또 다른 천성이 된다. 자신의 성격이 습관에 따라서 바뀌고, 인생도 달라질 수 있다.

남자들은 군대에 갔다 오면 많이 실감한다. 아무리 게으른 사람일지라도 군대에서는 규칙적으로 생활한다. 생활이 바뀌고, 바뀐 생활이 습관이 되고, 나중에는 천성이 된다. 군인들의 천성이 어떻든 간에 일찍 일어나서 체조하고, 규칙적으로 식사하는 습관이 몸에 배인다.

위인들의 위대한 성공 습관은 독서다

먼저 엄청난 기부를 통해 참다운 행복과 성공의 길을 제시하는 워렌 버핏을 예로 들어 보자. 그가 투자의 귀재가 되어 많은 부를 모으게 만들어 준 습관 스위치는 무엇일까? 바로 책을 읽고 공부하는 습관이다. 얼핏 사소해 보이는 작은 습관이 현재의 세계 최고 갑부 워렌 버핏을 만들어 주었다고 해도 과언이 아니다.

그는 언제나 남들보다 몇 배나 많은 책을 읽고 공부하는 습관이 되어 있다. 공부와 책을 통해 오랫동안 투자하여 큰 수익을 꾸준히 내면서 관리한다. 동시에 남들보다 앞서서 더 넓고 크게 내다볼 줄 아는 혜안과 통찰력을 겸비하게 되었다.

그는 어린 시절부터 지독한 독서광이었다. 그러한 습관은 나이가 들어서도 그대로 유지되었다. 얼마나 많은 책은 읽었는지는 그가 직접 한 말에서 알 수 있다. 그는 자신의 독서량이 일반인들의 5배가량은 될 것이라고 말한 적이 있다. 그는 사업을 시작하고 나서도 끊임없이 독서하고 공부하였다. 버핏의 일상은 책으로 시작하여 책으로 끝날 정도였다. 공부하는 습관, 책 읽는 습관, 손에서 책을 놓지 않는 수불석권手不釋卷 습관이 투자의 귀재 워렌 버핏을 만들었다.

책의 중요성에 대해 간결한 하나의 문장으로 사르트르는 이렇게 말했다.

"내가 세계를 알게 된 것은 책에 의해서였다."

우리에게 주어진 한계의 벽을 넘어서고, 넓은 세계를 알게 되는 방법은 오롯이 책으로 가능하다는 사실은 불변의 진리이다. 책을 가까이한다고 전부 성공하는 것은 아니지만, 크게 성공한 사람치고 책을 멀리하는 사람은 단 한 명도 없다. 필자가 추천하는 최고의 습관 스위치는 두말할 것 없이 독서 습관 스위치이다. '사람이 책을 만들지만, 그 책이 사람을 만든다'는 말은 진리이다.

세계 최고의 갑부인 빌 게이츠를 만든 것은 동네 도서관이었다. 투자의 귀재 워렌 버핏을 만든 것은 보통 사람보다 5배나 많이 읽는 책들이었다. 우리나라 역사상 가장 위대한 임금인 세종대왕을 만든 것은 지독한 공부였다. 미국 역사상 가장 위대한 대통령인 링컨을 만든 것은 성경을 비롯한 좋은 책들이었다.

"오늘날의 저를 만든 것은 동네 도서관이었습니다."

하버드 졸업장보다 독서하는 습관이 소중함을 알고 있었던 빌 게이츠는 세계 최고의 갑부가 되었다.

"임금이라도 공부하지 않으면 아무데도 쓸모없는 인간이 될 수밖에 없다."

그토록 지독히 공부했기에 세종대왕은 우리나라 역사상 가장 위대한 임금이 될 수 있었다.

"나는 계속 배우면서 나를 갖추어 나간다. 언젠가는 나에게도 기회가 찾아올 것이다."

링컨은 지독하게 책을 읽었다. 그 결과 링컨은 위대한 대통령이 될 수 있었다.

우리들이 알 수 있는 진리는 이것이다. '한 권의 책을 읽은 사람은 두 권의 책을 읽은 사람의 지도를 받게 되어 있다.' 시대를 초월하는 황금률이다. 백 권의 책을 읽은 사람은 이백 권의 책을 읽은 사람의 지도를 받게 되고, 천 권의 책을 읽은 사람은 이천 권의 책을 읽은 사람의 지도를 받게 된다.

나쁜 습관을 가진 사람은 좋은 습관을 가진 사람의 지도를 받게 된다. 당연히 좋은 습관을 가져야 한다. 지금 당장 자신이 가진 나쁜 습관은 무엇인지, 타인이 가지고 있는 좋은 습관은 무엇인지 살펴보고 바꾸도록 하자.

위대한 위인들과 갑부들을 만들어 낸 사소한 습관 스위치들을 살펴보다 생긴 의문이 하나 있다. 사소한 습관 스위치들이 켜지지 않았다면, 과연 지금 같은 위대한 위인으로 역사 속에 남을 수 있었을까?

세종대왕이 위대한 대왕이 될 수 있었던 것은 타고난 지능과 능력,

출생 배경이 전부였을까? 그가 왕이 될 수 있었던 것은 재능과 실력이라고 말할 수 있겠지만, 수많은 왕들 중에서 가장 위대한 대왕이 될 수 있었던 것은 지독한 공부 습관 때문이라고 말해도 과언이 아니다. 세종대왕이 얼마나 지독한 책벌레였는지에 대한 많은 증거 자료들이 있기 때문이다.

그는 임금이 되고 20년이 지나서도 책을 놓지 않았다. 세종대왕은 '식사 중에도 좌우에 책을 펼쳐 놓았다〈세종실록〉.' 한밤중에도 책을 보았다. 그는 신하들에게 일을 시키고 자신은 한가롭게 쉬는 사람이 아니었다.

"내가 궁중에 있으면서 손을 거두고 한가히 앉아 있을 때가 없었다〈세종실록〉."

그는 세상에 존재하는 모든 책을 읽고 공부했다. 과연 임금의 위치에서 어찌 그렇게 고단하고 힘들게 공부한 것일까? 그 이유는 무엇일까?

"임금이라도 공부하지 않으면 아무데도 쓸모없는 인간이 될 수밖에 없다."

그는 몸을 축내면서까지 공부에 몰입했다. 밤을 새워 공부를 한 적이 많았다고 〈세종실록〉은 우리에게 전한다. 세종대왕의 공부에 대한 열정과 자세를 보고 주위 사람들은 도저히 이해를 못 했다. 왕의 위치에서 선비가 마치 과거 시험 준비하듯 공부할 필요는 없다고 생각하였다. 특히 조선의 창업자이며 할아버지인 태조는 세종의 공부에 몰두하는 자세를 심하게 걱정하면서 다음과 같이 질문할 정도였다.

"과거를 보는 선비는 이와 같이 공부해야겠지만, 어찌 임금이 그토록 고생하느냐?"

세종대왕이라는 위대한 대왕을 만든 것은 다름 아닌 지독한 공부 습관 스위치라는 사실을 다시 한 번 강조하고 싶다.

미국의 작가 해롤드 에반스는 미국 대통령들 중에 독서 습관을 가지고 있었던 대통령 22명을 선정하였다. 22명 중에는 미국인들이 뽑은 훌륭한 대통령 상위 10명이 모두 포함되어 있었다. 우연이 아니라 그만큼 독서 습관이 사람을 훌륭하게 만든다는 사실을 뒷받침해 주는 증거라 할 수 있겠다.

21일이면 새로운 습관을 형성할 수 있다

···

"우리의 인생을 탁월함에 이르게 하는 것은 위대한 행동이 아니라 사소한 습관이다."

우리 인간은 습관의 동물이라는 사실을 확실하게 이해하면 충분히 삶에 적용 가능하게 된다. 습관 스위치는 인간의 생활을 지배하는 요소 중에서 강력한 요소이다. 한 인간을 강하게 만드는 것도, 나약하게 만드는 것도 습관 스위치의 역할이다.

습관은 모든 위대한 사람들의 하인이지만, 모든 실패한 사람들의 주인이기도 하다. 습관의 주인이 된다면 우리 인생의 주인도 될 수 있지만, 습관의 주인이 되지 못한다면 습관의 노예가 될 수밖에 없다. 습관하고는 친구가 될 수 없다. 우리가 습관의 노예가 된다면 우리 인생의 노예가 될 수밖에 없다는 사실도 명심해야 한다. 습관이 우리 인생을 지배하기 때문이다.

습관 스위치를 제대로 몸에 익히고 켜기 위해 우리는 며칠이나 노력해야 가장 효율적일까? 지금까지 심리학자들과 성공학의 거장들이 한결같이 주장하는 기간은 21일이다. 우리는 21이란 숫자에 주목해야 한다. 지금까지는 아무도 이 숫자에 주목하지 않았다. 습관 스위치를 켜고자 하는 사람이라면 반드시 주목해야 한다.

먼저 생물학적으로 우리의 중추 신경인 뇌가 습관으로 인식하고, 습관을 형성할 수 있도록 제공해야 할 최적의 기간이 21일이다. 우리의 뇌는 에너지 절약형 모드를 가장 선호한다. 가장 에너지가 적게 드는 방법을 고집한다. 가장 게으른 시스템이기도 하다. 습관을 형성하기 위해서는 그만한 투자를 해야 한다. 생체 시계가 교정되는 데 소요되는 최소한의 기간이다. 충분한 반복으로 시냅스 통로가 물리적으로 형성되어야 습관이 된다. 최적의 투자 기간이 바로 21일이다.

두 번째로, 성공학의 거장인 브라이언 트레이시가 주창한 PMA Positive Mental Attitude 프로그램에서 기본으로 삼는 기간이 21일이다. 21일 PMA 프로그램은 21일 동안 훈련을 통해 습관을 바꿀 수 있다는 의미이다. 아이들에게도 쉽게 적용된다. 21일 동안 매일 같은 시간에 학습지를 풀거나 책을 읽어 주면, 아이들은 자동적으로 습관이 되어 힘들이지 않고 쉽게 할 수 있게 된다.

세 번째로, 21이란 숫자는 무엇인가를 다른 무엇으로 바꾸기 위한 최적의 숫자이다. 주사위의 모든 숫자를 합하면 21이고, 병뚜껑의 돌기 수는 모두 21개이다. 우리에게 소중한 공기 중에는 21%만이 산소이다. 21번 이상 훈련받은 사람들이 가장 효과적인 성과를 거둔다는 사실이 모의 훈련 결과 밝혀졌다. 간의 경우 80%의 세포가 파괴되더라도, 나머지 20% 이상의 간세포로 본래의 기능을 수행하는 데 아무 문제가 없다.

네 번째로, 21일 동안 무엇인가를 집중적으로 하면 세계 최고의 작품이 나올 수 있다. 헨델은 오라토리오 〈메시야〉라는 명곡을 21일 동안 거의 쉬지 않고 작곡하여 불후의 명작을 만들었다. 21일이란 숫자가 부족해 보이지만, 불후의 명곡이 나오기에 부족함이 없는 기간이었다.

다섯 번째로, 21이란 숫자는 유명한 80:20 법칙, 즉 파레토 법칙과 매우 연관성이 깊다. 파레토 법칙이란 전체 결과의 80%가 전체 원인의 20%에서 일어난다는 의미이다. 전체의 결과를 결정짓는 것은 겨우 원인의 20%에 달려 있다는 법칙이다. 무엇이든 21%의 성분이나 원인을 통해 충분히 결과를 뒤바꾸어 놓을 수 있다는 의미이다.

무엇보다 21일은 한 사람의 인생을 결정지을 수 있는 습관이 형성되기에 가장 최적의 기간이다. 이제 우리도 21일 동안 새로운 습관 스위치를 하나 만들어 보자.

부자들에겐 부자들만의 습관이 있다

．．

《자수성가한 억만장자의 6가지 조언》의 저자인 마이클 매스터슨은 부유해지는 데는 시간이 걸리지만, 생각만큼 오랜 시간이 걸리지는 않는다고 말한다. 그는 부를 형성하기 위한 6단계를 구체적으로 제시했다. 제1단계는 '현실을 직시할 것', '제2단계는 '부자가 되기 위한 계획을 세울 것', '제3단계는 '부자의 습관을 개발할 것'이다. 나머지 단계들은 '개인의 소득을 급격히 증대시킬 것', '잠자는 사이에도 부를 쌓아 가도록 할 것', '조기에 은퇴할 것' 등이다.

부자들은 평범한 사람들과는 분명 다른 면이 있다. 부자들에게는 돈을 모으는 구체적인 습관이 있다. 가난한 사람들은 자신들을 더욱더 가난하게 만드는 특정한 습관들이 있다. 마이클 매스터슨은 공통적으로 부자들이 가지고 있는 습관, 즉 부를 자동적으로 형성시키는 주요한 습관들이 다음과 같은 것들이라고 주장한다.

* 부자들은 일을 열심히 하는 습관이 있다.
* 부자들은 자신이 하는 일에 누구보다 능숙하다는 습관이 있다.
* 부자들은 다양한 소득원을 확보하는 습관이 있다.

* 부자들은 비교적 값이 싼 주택에 거주하는 습관이 있다.

* 부자들은 적정한 소비 수준을 유지하는 습관이 있다.

* 부자들은 절약에 있어서 탁월한 능력을 발휘하는 습관이 있다.

* 부자들은 먼저 자신을 위해 지불하는 습관이 있다.

* 부자들은 자신들의 돈을 계산하는 습관이 있다.

성공하는 사람들을 면밀히 살펴보면, 적어도 그렇지 못한 사람과 다른 습관을 한두 가지 가지고 있다. 다른 사람들이 가지지 않은 한두 가지의 작은 습관들이 하루하루 모여서 결국엔 큰 바다를 형성한다.

《리스펙트》의 저자이면서 미국의 TV 프로그램 〈인사이드 에디션Inside Edition〉의 진행자인 데보라 노빌의 말을 들어 보자.

그녀는 자신의 저서를 통해, 성공하는 사람들은 성공의 씨앗을 끊임없이 뿌리는 사람들이라고 말한다. 그들에게는 파종기와 수확기가 따로 있지 않고, 매 순간이 성공의 씨앗을 뿌리는 순간이라고 한다. 그렇게 뿌리는 성공의 씨앗이 여기저기서 자라서 다른 사람들보다 크고 빠르게 성공한다고 한다. 그 성공의 씨앗이 바로 존중하는 습관이라고 명확히 말한다.

다른 사람을 존중하면 그들로부터 우리도 존중을 받는다. 그것이 성공의 밑거름이며, 씨앗이다. 맥도널드의 창업자인 레이 크록이 가장 중요하게 생각하는 가치가 '인간 존중'이다. 그는 성공의 비결을 존중하는 습관에 두고 있다고 한다. 그는 다음과 같이 말했다.

"서로를 존중해야 함께 성공한다."

그의 말에 신빙성이 있다고 경영학자들이 잘 설명해 준다. 경영학자들은 전 세계 120여 개국에서 3만 개가 넘는 매장을 운영하고 있는 거대 기업 맥도널드의 성공과 유지에 '존중하는 습관'과 '존중하는 원칙'이란 토대가 없었다면 불가능했을 것이라고 평가하고 있다.

지금은 많은 기업들이 당연하게 생각하지만, 맥도널드는 창업할 때부터 어느 나라에 지점을 세우든 반드시 지키는 원칙이 하나 있었다. 그 나라 사람들을 존중하고, 그 나라 사람들의 입맛을 최대한 인정해 주어야 한다는 원칙이다. 이러한 원칙이 지금의 거대 기업 맥도널드를 가능하게 했다. 나라마다의 차이, 사람마다의 차이를 인정하고 존중했기에 지금의 맥도널드가 존재할 수 있었다.

성공과 행복의 원칙은 인간 존중이라는 기본적인 원칙에 의해 결정된다. 성공과 행복의 토대는 사실 근면과 성실, 열정, 노력 같은 것이 아니다. 보이지 않게 흐르는 인간 존중의 원칙, 상부상조의 원칙, 나눔과 베풂의 원칙 같은 기본 원칙이라는 점을 다시 한 번 상기해야 한다. 가장 중요한 원칙 중에 원칙이기 때문이다.

성공과 행복의 기술 6

수미일관

- 首尾一貫 -

•••

일이 즐거우면 인생은 낙원이지만, 의무에 불과하면 인생은 지옥이 된다.
– 고리키

어떤 일을 함에 있어 아는 자는 좋아하는 자만 못하며,
좋아하는 자는 즐기는 자만 못하다.
– 공자

어떤 직업, 자리에 있건 자신의 일을 사랑하지 않는 이상 결코 성공할 수 없다.
– 노만 빈센트 필

성공하는 사람들에게는 독특한 특징이 하나 있다.
단순히 돈을 바라고 하는 일 이상으로 열심히 한다는 것이다.
– 나폴레온 힐

당신이 하는 일에서 행복을 찾아보자.
그렇지 못하면 당신은 행복이 무엇인지 결코 알지 못할 수도 있다.
– 앨버트 하버드

보통 사람은 일에 25% 정도의 능력만 투입한다. 세상 사람들은 50% 이상의
역량을 발휘한 사람에게는 모자를 벗고 인사하며, 100%를 헌신하는 극소수
의 사람에게는 진심으로 경의를 표한다.
– 앤드루 카네기

좋아하는 일을 택하라. 그러면 당신은 단 하루도 일할 필요가 없을 것이다.
– 공자

가장 아름다운 운명, 누구에게나 일어날 수 있는 가장 놀라운 행운은
열정을 쏟을 수 있는 일을 하는 것이다.
– 에이브러햄 매슬로

좋아하는 일을 하는 것이 성공 비결이다

"일이 즐거우면 인생은 낙원이지만, 의무에 불과하면 인생은 지옥이 된다"라고 고리키는 말했다. 명언이다. 자신이 하는 일이 즐거운 사람 만큼 행복한 사람은 없다. 그러한 사람이 가장 행운아임은 틀림없는 사실이다. 심리학자 에이브러햄 매슬로는 말했다.

"가장 아름다운 운명, 누구에게나 일어날 수 있는 가장 놀라운 행운은 열정을 쏟을 수 있는 일을 하는 것이다."

많은 사람은 자신이 하고 싶은 일이 아니어도 생계를 위해 어쩔 수 없이 일한다. 자신이 좋아하는 일, 즐거운 일, 열정을 쏟을 일을 하는 사람은 행복한 사람이고 행운아다. 공자는 '당신이 좋아하는 일을 선택하라. 그러면 당신은 단 하루도 일할 필요가 없을 것'이라고 말했다. 에디슨은 '나는 단 하루도 일한 적이 없다. 나는 항상 즐겼을 뿐'이라고 했다. 위대한 위인들은 모두 자신이 진정으로 좋아하는 일을 했다는 공통점이 있다.

자신이 좋아하는 일, 나아가서 진정으로 자신의 일을 즐기는 자는 아무도 당해 낼 수 없다. 즐거움을 통해 내면의 무한한 에너지와 힘이 솟아난다. 자신이 좋아하는 일을 하는 사람이 그 분야에서 크게 성공한다. 비록 재능이나 능력이 부족해도 자신의 일을 진정으로 좋아하고 즐기다 보면 어느새 정상의 자리에 올라선 자신을 발견한다. 이른바 성공과 일의 법칙이다. 노만 빈센트 필은 다음과 같이 말했다.

"어떤 직업, 어떤 자리에 있건 자신의 일을 사랑하지 않는 이상은 결코 성공할 수 없다."

재미있는 연구 결과를 살펴보자. 마크 앨비언 박사는 비즈니스 스쿨 졸업생 1,500명을 대상으로 직업과 관련된 조사를 했다. 그들 중 돈을 벌기 위해 직업을 선택한 비율은 83%였다. 1,245명이 자신의 적성보다 생계나 돈 때문에 직업을 선택했다. 나머지 17%인 255명의 졸업생들만이 돈보다 자신이 좋아하고 적성에 맞는 직업을 선택했다.

그리고 나서 20년이라는 세월이 흘러 101명의 백만장자가 탄생했다. 놀랍게도 돈 때문에 직업을 선택했던 1,245명 중에 오직 한 명만이 큰돈을 벌었다. 반대로 돈보다 자신이 좋아하고 적성에 맞는 직업을 선택했던 255명의 졸업생 중에 40%가 약간 안 되는 100명이 큰돈을 번 백만장자가 되어 있었다.

일을 잘 선택하는 것이 성공과 행복의 기술임이 분명하다. 일을 잘 선택하는 것이 매우 중요한 이유가 또 있다. 미국 정부는 앞으로 10년 후에는 현존하는 직업의 80%가 사라진다고 발표했다. 사라질 직업을 위해 많은 연습을 하고 관련 지식을 쌓은 사람은 분명 힘들어질 것이다. 직업을 잘 선택하는 것이 성공과 행복의 기술인 셈이다.

《성공의 법칙》의 저자인 나폴레온 힐은 성공의 15가지 법칙 중에서도 매우 중요한 법칙이 '보수보다 많은 일을 하는 습관'이라고 주장했다. 자신이 받는 급여보다 많은 양의 일을 하면 그만큼의 보답을 받는다. 문제는 그렇게 많은 일을 해도 마음이 즐거울 수 있어야 한다는 점이다. 다시 말해 자신의 적성이나 취향에 맞는 직업을 택해야 한다. 자신이 좋아하는 일을 해야 하는 중요성을 재차 강조하는 바이다.

직업을 잘 선택해야 하는 또 다른 중요한 이유가 있다. 날마다 자신이 하는 일에서 기쁨과 즐거움을 발견하는 것이 장수하는 사람들의 5가지 특징 중 하나다. 자신이 하는 일에서 참된 기쁨과 즐거움을 발견하고 기뻐하는 사람이 결국엔 건강도, 부도, 행복도 얻는다.

《평범했던 그 친구는 어떻게 성공했을까?》의 저자인 토마스 A. 슈웨이크는 세계적으로 성공한 100인을 면담했다. 그는 성공한 사람들은 전부 자신이 끔찍이 좋아하는 일을 했다는 결론을 도출했다. 정말 좋아하는 일을 하지 않으면 자신 안의 잠재력을 100% 발휘할 수 없다.

크게 성공한 사람들은 하나같이 자신의 일을 누구보다 사랑한 사람들이었다. 그래서 일 스위치가 엄청나게 크게 켜졌고, 엄청난 능력과 에너지를 발휘할 수 있었다. 타이거 우즈는 누구보다 골프를 좋아했고 사랑했다. 누구보다 골프를 즐겼다. 마이클 조던은 누구보다 농구를 즐겼다. 자신이 좋아하는 일을 잘 선택하면 그 일 자체가 좋은 스위치가 된다. 돈만 쫓아서 하기 싫은 일을 선택하면 그 일은 스위치의 역할과 기능을 못한다.

앤드루 카네기는 인간이 성공하기 위해 필요한 요소로 '일에 대한 100% 헌신'을 꼽았다. 프로이트는 행복하기 위해 필요한 요소로 '인간 관계로 대변되는 사랑'과 '일상생활과 밀접한 관련이 있는 일'을 꼽았다. 일하지 않거나 가치 있는 일이 없는 사람이 오직 좋은 인간관계만을 가지고 행복과 성공을 이룰 수는 없다. 자신의 모든 것을 바쳐서 헌신하고 완성시켜야 할 일이 필요하다. 자신이 좋아하는 일을 하는 사람이 행복할 수밖에 없고, 성공할 수밖에 없다.

어떤 일에 열중하기 위한 첫째 비결은 자신이 진정으로 좋아하는 일을 하는 것이다. 자신을 진정으로 행복하게 만들어 줄 일을 찾아서 해야 한다. 두 번째 비결은 그 일의 가치를 발견하고 굳게 믿는 것이다. 자신이 하는 일이 매우 가치가 있다고 굳게 믿어야 저절로 열중할 수 있고, 성과도 높아진다. 데일 카네기는 말했다.

"어떤 일에 열중하기 위해서는 그 일의 가치를 굳게 믿고, 자신에게 그것을 성취할 힘이 있다고 믿으며, 적극적으로 그것을 이루어 보겠다는 마음을 가져야 한다. 그러면 낮이 가고 밤이 오듯이 저절로 그 일에 열중하게 된다."

직업이 자신을 세상에서 가장 열정적이고, 세상에서 가장 행복한 사람으로 만들어 줄 수 있어야 한다. 그 직업이 자신의 자아실현을 가능하게 해주어야 한다. 그 직업이 10년 후에 사양길로 접어드는 직업이 아니어야 한다. 물론 안정적인 수익과 어느 정도의 부를 가지고 누구보다 행복하고 성공적인 삶을 살고 있는 사람이 훨씬 많다. 무엇보다 자신이 가고자 하는 길을 설정한 후 직업을 선택해야 한다.

앨버트 아인슈타인은 이러한 말을 했다.

"만약 a가 인생의 성공을 의미한다면, a=x+y+z라는 방정식이 성립한다. 이 방정식에서 x는 일, y는 운동, z는 휴식을 의미한다."

20세기의 최고의 과학자로 평가받는 그는 성공을 위해서 반드시 필요한 요인 세 가지 중 하나로 일을 꼽았다. 아는 것은 좋아하는 것만 못하고, 좋아하는 것은 즐기는 것만 못하다는 말처럼, 자신을 진정 행복하게 하고, 가슴 뛰게 하고, 즐겁게 하는 일을 선택해야 한다. 그 일을 진정으로 즐기며 하는 자는 이미 성공한 자와 다를 바 없다. 성공과 출세에만 집착해 평생 아등바등 살다가 인생의 끝자락에서 겨우 출세하는 사람보다 낫다. 훨씬 삶의 질과 내용은 충만하고 행복하며, 보다 성공적인 삶이라고 할 수 있다.

자신이 미치도록 행복해지는 일을 선택하는 것이 가장 좋다. 형편과 처지가 여의치 않아서 어쩔 수 없이 적성에 맞지 않는 일을 하는 사람은 마음을 완전히 비워야 한다. 아리스토텔레스는 '참고 견디는 게 아니라 기꺼이 하는 것, 바로 그것이 유쾌함의 본질이다'라고 말했다.

성공하는 비결은 일도 놀이처럼 하는 것이다

세계 최고의 검색 엔진 기업인 구글은 직원들에게 자신이 가장 좋아하는 것을 할 수 있는 시간을 보장해 준다. 지금 구글은 미래를 접수하고 있으며, 미국 역사상 최단기간에 급성장한 전도유망 기업이 되었다. 통신, 유통, 동영상, 사진, 지도, 부동산 등의 광범위한 분야로 급속히 사업 영역을 확장하고 있다. 구글의 저력은 직원들로 하여금 자신이 좋아하는 것을 마음껏 자유롭게 할 수 있도록 한 것이다.

좋아하는 일을 하면 그 위력은 자신의 능력을 초월한다. 좋아하는 일을 한 사람이 거장이 되고 큰 성공을 이루는 모습을 많은 분야에서 만난다. 일 스위치는 한마디로 성공으로 직통하는 핫라인이다. 자신의 가슴을 뛰게 할 만큼 행복한 일을 한다면 그는 이미 성공한 사람이다.

많은 사람이 성공하기를 원하는 이유는 행복하기 위해서이다. 자신이 하는 일을 통해 더할 나위 없이 행복하다면 그는 이미 성공한 것과 다름없다. 자신이 좋아하는 일을 하는 것이 크나큰 행운이며, 가장 좋은 선택이다. 《호모 루덴스》의 저자인 요한 호이징가는 말했다.

"모든 문명은 놀이 속에 놀이로서 생겨나며 놀이를 떠나는 법이 없다."

그의 말은 일을 놀이처럼 생각하며 놀이하듯 해야 몰입할 수 있고, 따라서 창의성과 에너지가 나온다는 의미다. 일할 때조차도 놀이하듯 재미있게, 즐겁게 하지 않으면 어떠한 문명도 생겨나지 않았을 것이라는 의미이다. 모든 문명의 발달은 일을 놀이로 생각하고 진정으로 즐기면서 하는 사람들을 통해 이루어졌다. 결코 일을 생계의 수단으로 마지못해 하는 사람들에게서는 문명이 생겨나지 않았다.

성공과 행복은 일을 얼마나 놀이처럼 할 수 있느냐에 달려 있다. 일 스위치를 통해 자신의 내면에 잠자는 다양한 에너지와 재능을 얼마나 켤 수 있는지와 직결된다. 일과 놀이를 하나로 보는 사람은 가장 행복한 사람이고, 가장 성공적인 삶을 살아가는 사람이다. 인생에서 가장 큰 행복은 자신이 가장 좋아하는 일을 발견하고, 그 일을 하는 사람이다. 우리 인생에서 이보다 큰 행복은 없을 것이다.

영국의 철학자 버트런드 러셀은 '학자들과 얘기할 때는 행복이란 더이상 가능하지 않다는 느낌을 강하게 받지만, 정원사하고 얘기할 때는 그 반대의 확신이 든다'는 말을 친구에게 했던 적이 있다. 무엇인가를 하는 사람, 자신의 일에서 기쁨과 보람을 느끼는 사람에게 행복이 숨어 있다는 의미이다.

행복의 본질은 소유나 소비가 아니라, 무엇인가를 추구하고 한다는 것에 있다. 소비보다는 생산을 통해 행복할 수 있다. 쾌락이나 유흥은 소비에 가깝다. 진정한 행복을 느낄 수 없다. 반면 일과 창작은 무엇인가를 자꾸 생산하고 만들어 내는 것이어서 진정한 행복을 느낄 수 있다.

행복의 본질은 몰입할 수 있는 일에 있다

《몰입》의 저자인 미하이 칙센트미하이는 우리 인간이 일이나 과제에서 얻을 수 있는 가장 최상의 경험을 하는 순간이 몰입 상태라고 말한다. 그는 물이 흘러가듯 가장 자연스럽게 흐르는 순간이라고 해서 플로우 flow라고 명명했다. 몰입 상태에서 우리는 없어지고, 일에 빨려 들고, 몰아沒我와 무아지경無我之境의 상태가 되어 최고의 보상을 받는다.

누구라도 한 번쯤은 경험이 있을 것이다. 잠시 무엇인가를 한 것 같은데 서너 시간이 훌쩍 지나가 버리는 경험 말이다. 무엇을 하든 완전히 집중하여 한다는 사실조차 까맣게 잊는다. 시간이 가는지도 까맣게 잊는다. 무아지경의 상태, 몰아의 경지에 이르면 무엇보다 큰 성과를 얻게 된다. 몰입 스위치의 가장 큰 유익이다.

몰입하기 위해서는 자신의 능력과 과제의 난이도가 잘 맞아떨어져야 한다. 너무 쉬우면 지루함을 느껴서 오래 하지 못하고 재미도 없다. 당연히 집중할 수 없다. 너무 어려우면 불안하고 초조하다. 당연히 재미도 없고, 집중할 수도 없다. 적당히 어렵고, 적당히 도전적인 과제를 하면 능력이 최대한 발휘된다. 집중하여 몰입의 경지로 나아갈 수 있게 된다.

몰입의 경험을 자신의 일을 통해 얻는 사람은 그야말로 일석이조의 효과를 누릴 수 있다. 매일 힘겹게 해야 하는 일에서 무아지경의 경지에 도달하게 되면 현재에도 최상의 순간을 경험하면서, 미래의 성공과 성과까지 한꺼번에 바라볼 수 있게 된다. 그렇기 때문에 일에서 몰입을 경험하는 사람만큼 행복한 사람이 없는 것이다.

행복은 소유나 소비가 아니라 생산을 통해 느낄 수 있다. 일과 몰입을 통하여 느끼는 행복은 참된 행복이라고 말할 수 있다. 자신의 일을 좋아하고 진정으로 몰입할 줄 아는 사람들은 최소한 일을 할 때에는 행복할 수 있다. 그 일이 생계를 도와주고 보장해 주는 일이라면 더할 나위 없이 행복한 조건을 갖추는 셈이다. 비록 많이 윤택하거나 부유하지는 않다고 해도, 일 자체에서 느끼는 행복은 이 세상의 모든 부로도 살 수 없다. 우리는 일과 몰입 스위치의 중요성을 새삼 깨닫게 된다.

미국 하버드 대학교의 샤하르 교수는 행복에 대해서 산의 정상을 오르는 과정이라고 정의하였다. 그는 행복한 사람은 성취주의자도, 쾌락주의자도, 허무주의자도 아닌, 현재의 삶과 일의 과정을 즐길 줄 아는 행복주의자들이라고 말한다.

성취주의자들은 미래에 자신의 목표가 성취되기만 하면 행복해질 수 있다는 환상에 빠져 산다. 미래의 노예로 살고 있는 사람들이다. 쾌락주의자는 단순히 순간의 쾌락만을 중시한다. 순간의 노예로 살고 있는 사람들이다. 허무주의자들은 현재와 미래에 대한 어떠한 가치와 목적도 없다. 단지 과거의 노예로 살고 있는 사람들에 불과하다.

행복주의자들은 산의 정상을 오르는 과정에서 진정으로 기쁨과 즐거움을 누릴 줄 아는 사람들이다. 그들은 지속적인 행복을 얻을 수 있다. 행복은 산의 정상에 도달하는 것, 즉 성취 그 자체가 아니다. 산 주위를 아무 목적 없이 배회하며 순간을 즐기는 것도 아니다. 목적과 목표를 향해 한 걸음씩 올라가는 과정을 거쳐 행복을 얻을 수 있다.

일과 몰입은 샤하르 교수의 주장에 가장 부합하는 행복의 기술이다. 자신의 일을 사랑하고, 일을 하는 과정에서 자연스럽게 몰입하는 그 순간이 최고로 행복한 순간이다. 쾌락처럼 순간의 기쁨과 즐거움을 최대로 하는 행위는 행복이라고 할 수 없다. 행복을 구성하기 위해서는 현재의 즐거움과 의미가 있어야만 하기 때문이다. 일과 몰입을 통한 행복은 현재의 기쁨, 미래의 유익, 성공이라는 의미, 가치 있고 건설적인 삶이라는 의미 모두가 포함되어 있다.

행복한 삶보다 더욱 행복한 삶은 의미 있는 삶이다. 삶의 의미를 통해 우리가 느끼는 행복을 보다 행복하게 누릴 수 있다. 가치 있는 삶을 살고 있다면 약간 힘들고 어려운 시기일지라도 행복을 느낄 수 있다. 더욱더 가치 있는 삶이 되게 하는 방법은 우리가 선택하는 일이 보다 가치 있고 의미 있는 일이 되도록 하는 것이다. 일을 바꾸지 않을 바에는 지금 하는 일이 매우 의미 있고 가치 있는 일이라는 사실을 새롭게 발견하고 재정의해야 한다.

똑같은 회사에서 똑같은 일을 하는 두 사람이 있다. 한 사람은 자신의 일을 자기 나름대로 재정의하여 큰 의미와 가치를 두었다. 다른 한 사람은 하기 싫어도 그저 돈을 벌기 위해 해야 한다고 생각해 다른 의미와 가치를 두지 않았다.

두 사람의 회사 생활과 근무 태도, 업무 실적은 처음에는 차이가 크지 않다. 십 년이라는 세월이 지난 뒤에 살펴보면 차이가 커진다. 자신의 일에 큰 의미와 가치를 둔 사람은 그 분야에서 최고의 대가가 될 것이다. 자신의 생각대로 정말 큰 의미와 가치가 있는 일이 된다. 그저 돈을 벌기 위한 수단으로만 생각했던 사람은 십 년이란 세월 동안 어떠한 발전도, 변화도 없이 그 자리를 유지할 것이다. 돈만 버는 기계로 살았을 뿐이고, 아무것도 이룩하지 못한 사람이 된다.

자신의 일에 큰 의미와 가치를 두는 순간부터 그는 능력을 최대한 발휘하게 된다. 최선을 다해 자신의 일에서 큰 의미와 가치를 실현시키기 위해 노력하게 된다. 결국에는 행복한 세월을 보낼 수 있게 된다.

일과 몰입에 있어 중요한 유익성은 잠재된 능력을 깨워서 자신을 실현하는 직접적인 실현 스위치라는 점이다. 우리가 가치 있게 생각하는 것, 의미를 두는 것을 실현하기 위해 하루하루 나아갈 수 있도록 도와주는 스위치가 일과 몰입 스위치이다. 따라서 성공과 업적이 따라오게 된다. 현재를 즐기고 누리면서, 동시에 미래의 성공이 보장되어 있는 스위치인 셈이다. 성공한 많은 인물들이 자신의 일을 너무나 좋아했다. 그 일에 완전히 몰입되어 날마다 일을 즐기고 마음껏 누렸다. 그 결과 성공이라는 달콤한 보상도 따라왔던 것이다.

위대한 발명가 에디슨은 다음과 같은 말을 남겼다.
"나는 일생 동안 단 하루도 일을 해본 적이 없다. 모든 일을 오락처럼 즐겼기 때문이다."

수많은 사람들이 행복하지 못한 채 성공도 못 하고 삶을 살아간다. 성공에 너무 집착하여 살기 때문이다. 사람들은 성공하면 행복해질 것이라고 생각한다. 성공하기 위해 현재의 기쁨과 즐거움을 모두 성공을 한 후로 미루고 있다. 성공을 빨리 얻기 위해 현재를 양보한다. 다만 미래의 성공을 위해 오늘을 달려가고 있다. 이러한 사람들은 중도에 탈진한다. 성공하려는 욕구를 포기하게 되고, 이것도 저것도 아닌 인생이 된다.

헨리 데이비드 소로는 다음과 같은 말을 했다.
"사람들은 대부분 조용한 절망의 삶을 살고 있다."

극히 소수의 사람들이 성공을 한다. 그때 그 사람들은 알게 된다. 성공이 행복과 아무 관련이 없음을 말이다. 정작 행복은 성공이라는 목표를 향해 하루하루 나아가는 과정 속에 있던 일상과 성공의 도구였던 일이었음을 알게 된다.

성공하는 사람은 일 하는 과정에서 기쁨을 느낀다

· ·

정상에 올라가겠다는 목표에 너무 집착하여 산을 올라가면, 그 목표에 얽매여 등반 과정에서 느낄 수 있는 기쁨과 상쾌함을 잃어버린다. 오직 정상에만 가야 한다는 부정적 감정 때문에 에너지가 고갈되어 결국 중간에 탈진으로 포기하기도 한다. 목표에 집착하지 않고 산에 오르는 과정을 즐겨 보라. 경치를 보고, 산새의 지저귀는 소리도 듣고, 신선한 공기를 온몸으로 마시며 올라가는 사람들은 말한다. 이상하게도 올라갈수록 에너지가 고갈되기는커녕 내면에서 큰 에너지와 힘이 발산되어 심신이 건강해지고 강해짐을 느낀다고.

인생도 같은 이치로 살아야 한다. 하루하루 그날의 기쁨과 즐거움, 살아 있음을 온몸으로 감사하고 행복해 하며 정상을 향해 나아가야 한다. 집착하지 않고 현재의 삶을 누리며 살아간다면 하루하루 에너지와 힘이 더욱더 발산되어 건강해지고 강해진다. 정상에 너무 집착하여 앞만 보고 달리면 건강이 악화되고, 모든 에너지가 고갈되어 매우 위험한 상황에 빠진다. 땅을 치고 후회한들 소용없음을 뒤늦게 깨닫는 경우가 있다. 바로 등산의 이치 같다.

우리의 인생도 여행이나 등산과 같다. 같은 원리가 삶에 그대로 적용되기 때문에 하루하루 일에 몰입을 통해 참다운 희열과 기쁨을 누리는 것이 좋다. 하루하루 최선을 다할 때 더 많은 에너지와 기쁨이 샘솟는다는 이치를 알아야 한다.

지혜의 왕인 솔로몬 역시 인생은 모두 헛되고 괴로운 것이라 했다. 해 아래 새로운 것이 없을 만큼 헛되고 헛되다고 했다. 그가 유일하게 인생에 있어 찬양한 것은 자기 일을 통해 기쁨을 누리는 것이다. 솔로몬이 쓴 《전도서》에 따르면, 노동을 통해서 우리 마음속에 생겨나는 기쁨과 즐거움은 창조주의 응답이며 선물이라고 한다.

솔로몬의 주장을 정확하게 짚은 심리학자는 프로이트이다. 그는 '인간은 일하는 동안 현실과 하나가 되었다는 데서 심리적 안정을 찾는다'고 말했다. 인간은 일을 통해 심리적 안정처럼 많은 유익함을 얻는다.

수많은 사람들은 일중독(워커홀릭)을 조심해야 한다고 말하면서도 벗어나지 못한다. 하지만 일중독보다 무서운 것은 일하지 않고 무위도식하는 행위이다. 과로로 죽는 사람보다 일을 하지 않아서 걸리는 우울증과 무력감 등 온갖 정신적 질환으로 인해 자살하거나 불행한 삶을 살아가는 사람들이 훨씬 더 많다는 사실이 밝혀졌다.

그렇다고 과로로 건강이 나빠질 때까지 일하라는 말은 아니다. 다만 일을 즐기면 과로를 해도 마음은 즐거워서 피로를 적게 느끼고 빨리 회복한다. 즐겁게 일하면 그만큼 몸도 따라 준다. 수많은 사람은 일하며 땀 흘리고 몰입할 때, 진정한 기쁨을 발견한다. 헨리 워즈워스 롱펠로는 다음과 같이 말했다.

"땀 흘리며 일하는 기쁨을 맛보라."

일로 의미와 기쁨을 누릴 수 있다면 최고의 일 스위치를 발견하고 켠 상태와 다름없다. 불행히도 많은 사람은 일하며 의미와 기쁨을 찾기보다 생계를 위해 하기 싫어도 한다. 말 그대로 노동의 의미가 더욱 강하다는 사실을 부인할 수 없다.

히브리어로 일 'avoda'이라는 단어는 노예 'eved'와 어원이 같다. 일은 노예들이 살기 위해 해야만 하는 노동의 의미가 강하다. 사람은 일하며 일의 주인이 되는 사람과 일의 노예가 되는 사람으로 이분화된다. 일의 주인이 되어 일하는 사람은 일을 즐기는 사람이다. 일을 즐기는 사람은 자신의 내면에서 잠자던 에너지와 능력이 무궁무진하게 나오는 사람이다. 일의 노예가 되면 최소한의 에너지와 능력만 발휘하면서 생계유지에만 만족한다. 그 사람은 재미없고 불행한 날을 보낸다.

누구에게는 매일 하는 일이 단지 소득원만 되어 그 이상도 그 이하도 아니다. 또 다른 누구에게는 매일 하는 일이 자신에게 부여된 특권이며 즐거움과 자아실현의 도구다. 아무리 능력이 뛰어난 사람도 전자의 입장에서 일한다면 성공을 장담할 수 없다. 후자의 입장에서 평생 일을 즐기며 최선을 다해 산다면 재능이나 능력이 조금 부족해도 곧 만회되어 성공을 거둘 수 있다. 하루하루가 정말로 신나고 재미있을 것이다.

일에 의미와 가치를 부여하라

이웃 나라 일본의 오키나와 군도에 있는 장수 마을에는 1,300명의 주민들이 살고 있다. 그중에 무려 630명이 100세 이상의 고령이다. 세계의 그 어떤 지역도 따라오지 못하는 최고의 장수 비율을 가진 마을이다. 이 장수 마을의 비결은 다름 아닌 '일 스위치'이다. 고령의 노인들 가운데 거의 대부분의 노인들이 여전히 젊은 사람처럼 즐겁게 일을 하고 있다.

전 세계의 전문가들이 장수 비결을 발견하기 위해 노력하고 있다. 그들이 발견한 가장 큰 비결은 '아무리 나이가 많아도 일을 한다'는 점이다. 그것도 젊은이와 같이 즐겁게 일하고 생활한다.

일을 하면 장수할 수 있다는 사실을 발견한 학자는 곤충학자인 파브르인 듯하다. 그는 다음과 같은 말로 일의 유익함을 주장한 바 있다.

"일한다는 것은 애오라지 생명을 얻는 궁극의 법칙이다. 벌레고 사람이고 간에 번민 있는 자의 더없는 위안이다."

일 스위치를 켜기만 해도 큰 유익함이 있지만, 덧붙여 그 일이 자신이 좋아하는 일이라면 더할 나위 없이 좋다. 만약 자신이 좋아하지 않는 일을 한다면 그 부정적인 영향을 간과할 수 없다. 자신이 좋아하는 일을 할 때에는 일 자체가 엄청난 스위치의 역할을 한다. 불행하게도 좋아하지 않고 적성에도 맞지 않는 일을 생계 때문에 하는 사람들은 그야말로 불쌍한 사람들이다. 자신이 좋아하지 않는 일을 해서 크게 성공한 사람이란 있을 수 없다. 설사 자기가 하기 싫은 일을 평생 동안 해서 결국에는 부와 명예를 획득한 사람이라 해도 그 대가가 너무 크다.

자신이 하는 일이 단순 노역인지, 복잡한 전문성을 갖춘 일인지는 중요하지 않다. 오히려 자신의 일에 어떠한 의미와 가치를 부여하느냐에 따라 단순 노역이 될 수도 있고, 소명이 될 수도 있다. 청소부라도 자신의 일에 깨끗한 세상을 만들어 주위 사람들에게 쾌적함과 기쁨을 선사한다는 의미를 부여하면, 단순 노역이 아니라 소명이 되어 무한한 에너지와 창조성이 발휘된다. 매우 창조적인 방식과 활기찬 자세로 일을 하기에, 단순 노역인 청소 일을 통해서도 매우 큰 가치를 지닐 수 있다는 것이다. 미용사와 간호사, 요리사와 같은 대부분의 직종에서도 동일한 원리가 작용한다. 자신이 하는 일이 무엇이든 무한한 에너지와 창조성, 활기와 능력을 끄집어 낼 수 있다. 자신의 일에 의미와 가치를 부여하고 새로운 시각으로 자신의 일을 바라보면 전혀 다른 자세와 각오로 일하게 된다.

"이 세상은 우리가 마음먹기에 따라 지옥이 될 수도 있고, 천국이 될 수도 있다."

랠프 왈도 에머슨의 말은 원리는 우리가 하는 일에도 그대로 적용이 된다.

"우리가 하는 일은 우리가 마음먹기에 따라 노역이 될 수도 있고, 소명이 될 수도 있다."

어떠한 일을 선택할지는 자신의 몫이고 선택이다. 하지만 그 결과는 인생과 성공을 좌우한다. 이왕 일을 평생 동안 해야 한다면, 자신을 가장 행복하게 해줄 일을 선택해야 한다. 자신의 내면에 숨어 있는 에너지와 창조성, 능력과 열정을 폭발시킬 일을 선택해야 한다. 그러면 성공은 자연스럽게 따라온다.

자신이 지금 하고 있는 일에 어떤 의미와 가치를 부여할지에 따라 노역이 될 수도 있고, 소명이 될 수도 있다는 이야기도 하였다. 당신은 당신의 일을 단순한 노역으로 만들 것인가? 아니면 숭고한 가치와 의미가 있는 소명으로 만들 것인가? 선택은 당신의 몫이다.

한 가지만 아는 고슴도치가 성공한다

세상에는 두 가지 타입의 사람이 존재한다. 첫 번째 타입은 이것저것을 다 할 수 있고, 여기저기를 기웃거리며, 다양한 목표를 설정하고, 다양한 사람들을 만나 소위 인적 네트워크를 넓혀가며, 그것이 성공의 길이라고 생각하는 여우 타입이다. 이런 타입의 사람들은 세상 사람들이 성공할 수 있는 방법이라고 제시하는 인맥, 스펙, 지식, 학벌, 재산, 권력, 배경을 중시한다. 그렇기 때문에 이런 타입의 사람들은 잠시라도 가만히 있을 수 없다. 오늘은 이 사람을 만나고, 내일은 저 사람을 만나서 소위 인맥이라는 것을 넓혀가야만 직성이 풀린다.

이런 타입의 사람들의 경우 스스로 자신을 기만하면서도 그 사실을 알지 못한다. 이들 역시 세상이 휘두르는 대로 휘둘림을 당하는 부류이기 때문이다. 이런 타입의 사람들은 성공을 위해서, 행복을 위해서 이것을 좀 해 보다가 저것이 더 좋은 방법이라고 생각되면 잠시라도 지체하지 않고 저것을 한다. 그리고 또 저것을 하다가 또 다른 좋은 방법이 있다고 소문이 들려오면 또 그것을 하기 위해 지금 하고 있는 것을 헌신짝처럼 내버린다.

어떤 주식이 돈을 벌어다 주고, 어떤 부동산이 대박을 터뜨릴 것이라는 소문이 들리면 그것에 몰려드는 사람들이 이런 부류의 사람들이다. 부모가 이렇게 인생을 살아 가는 모습을 보고, 자녀들도 역시 돈을 잘 벌 수 있는 유망 학과에 몰려 드는 것은 당연한 일이다.

하지만 이런 사람들은 절대 큰 성공을 할 수 없다. 인류 역사상 큰 성공을 하는 사람들은 모두 이와 반대의 유형인 고슴도치 타입이기 때문이다. 고슴도치 타입은 한 가지 일밖에 모른다. 그래서 세상이 아무리 복잡하고 빠르게 돌아간다 해도 여기 저기 기웃거리지 않는다. 그래서 타인의 눈으로 볼 때 이런 사람들은 우직한 바보처럼 보인다. 실제로 이들은 우직하고 둔감하다. 하지만 인류는 이런 우직한 바보들, 한 가지 밖에 모르는 고슴도치를 통해 발전하고 성장해 왔다.

고슴도치와 여우의 삶의 모습을 잘 표현한 짐 콜린스의 《좋은 기업을 넘어 위대한 기업으로》를 보면 이런 대목이 나온다.

"당신은 고슴도치인가, 여우인가?
유명한 수필 〈고슴도치와 여우〉에서, 이사야 벌린은 고대 그리스 우화를 토대로 세상 사람들을 고슴도치들과 여우들로 나누었다. '여우는 많은 것을 알지만, 고슴도치는 한 가지 큰 것을 안다.' 여우는 고슴도치를 기습할 복잡한 전략들을 무수히 짜낼 줄 아는 교활한 동물이다. 날이 밝고 날이 어두워지도록 여우는 고슴도치 굴 주변을 빙빙 돌며 고슴도치를 덮칠 완벽한 순간을 기다린다. 민첩하고 늘씬하고 잘생기고 발빠르고 간사한 여우가 확실한 승자일 것 같다. 반면에 고슴도치는 호저와 작은 아르마딜로를 유전자 합성해 놓은 것 같은 촌스러운 동물이다. 놈은 어기적어기적 점심거리를 찾아다니고 집을 돌보며 단순한 일상에 열중한다. 여우는 갈림길에서 교활한 침묵 속에 고슴도치를 기다린다. 고슴도치가 제 일에만 신경을 쓰면서 여우가 숨어 있는 바로 그곳으로 다가온다. '야, 이제 잡았다!'고 여우는 생각한다. 여우가 후닥닥 뛰쳐나가 번개처럼 땅을 가로지른다. 위험을 느낀 작은 고슴도치는 여우를 올려다보며 '또 만났군. 아직도 덜 배웠나?' 하고 생각한다. 고슴도치는 몸을 말아 동그란 작은 공으로 변신한다. 공 둘레에는 작은 가시가 사방으로 돋아나 있다. 사냥감 앞으로 달려온 여우는 고슴도치의 방어 태세를 보고 공격을 멈춘다. 여우는 숲 속으로 퇴각하여 새로운 공격 전략 구상에 착수한다. 고슴도치와 여우 사이에 이런 싸움들이 매일같이 펼쳐지는데, 여우가 훨씬 교활함에도 이기는 건 늘 고슴도치다."

많은 것을 알고 있는 똑똑한 여우가 위대한 일을 하고 성공하는 것이 아니라 한 가지만 알고 그것을 끝까지 하는 고슴도치가 위대한 일을 해내고 성공한다는 사실을 우리는 알아야 한다. 세계적인 경영 석학인 짐 콜린스는 자신의 명저인 이 책에서 말한다. 많은 것을 알고 많은 목표를 가지고 다양한 방법을 시도하는 리더들이 위대한 기업으로 자신의 기업을 도약시킨 것이 아니라, 그가 고슴도치 컨셉이라고 부르는 단순하고 일관된 단 한 가지의 거대한 목표를 향해 우직하게 나아갔던 리더들이 위대한 기업으로 도약을 시켰다고 말한다.

《빛과 그림자》로 유명한 와타나베 준이치는 일본의 가장 권위있는 문학상인 나오키상을 수상한 거장이다. 그런데 그런 그가 '거인은 둔감하다'라는 단순하고 명확한 개념을 역설하고 있는 책을 출간했다. 바로 《둔감력》이란 책이다.

주위 사람들이 뭐라고 해도 그저 '예', '예' 하면서 한 마디로 웃어넘길 줄 아는 꺼벙이 스타일인 어떤 의사가 있었는데, 그 의사는 늘 교수에게 야단을 맞았다. 하지만 그 의사는 항상 특유의 미소와 함께 '예', '예'라는 대답을 하며 둔감하였다고 한다. 누가 뭐라고 야단을 크게 쳐도 그는 그저 '예', '예'라고 하면서 웃어넘기며 매우 둔감했지만, 이 사람이 훗날 일본에서 최고의 명의名醫가 되었다는 것이다.

즉 '거인은 둔감하다'라는 것이다. 세상의 복잡다단한 것들에는 둔감하고, 자신의 단 한 가지 분야의 그 일에서는 가장 예민하게 집중한다는 것이다. 둔감할 때 우리의 숨겨져 있는 재능들이 팍팍 살아난다는 사실을 우리는 알아야 한다. 그런데 우직한 바보만큼 세상에 둔감한 사람은 없다. 그렇기 때문에 우리는 우직한 바보가 되어야 하는 것이다. 한 가지만 아는 고슴도치가 되어야 성공할 수 있다.

'여우는 많은 것을 안다. 그러나 고슴도치는 하나밖에 모른다. 그리고 그것이 위대하다'라는 수수께끼 같은 문장은 고대 그리스 시인 아킬로쿠스의 글 속에 남아 있고, 우리는 지금까지 이 문장에 대한 논의를 계속한다. 수많은 작가와 사상가들이 이 문장을 인용하고 토대로 삼아 자신의 주장을 해왔다. 하지만 한 가지 분명한 사실은 빌 게이츠, 워렌 버핏, 스티브 잡스, 오프라 윈프리 등과 같이 최고의 성공을 거두고 위대한 삶을 사는 사람들은 모두 고슴도치형 인간이었다는 사실이다.

이러한 사실을 입증해 주는 인물로 국내에서도 손쉽게 찾아볼 수 있다. 박세리 선수, 박지성 선수, 김연아 선수 등이 고슴도치와 같은 인물들이었다. 박세리 선수는 골프 말고는 아무것도 모른다. 그녀는 골프만 알고 골프만 생각하고 골프만 한다. 박지성 선수 역시 그렇다. 그는 축구만 알고 있고, 축구만 한다. 김연아 선수 역시 세계적인 최고의 선수가 되기 전까지는 피겨 스케이트 밖에 몰랐던 것이다.

고슴도치 타입의 인물들은 여우 타입과 같은 사람들이 여기 저기 쑤셔대며, 팔방 미인이 되어가기 위해 노력하고, 타인과 세상이 요구하는 스펙을 만들기 위해 여러 가지를 배우고 다닐 때, 오직 한 가지만을 붙잡고 그것에 모든 혼을 심었던 사람들이다. 결국에는 단 한 가지만을 꾸준히 했던 사람들이 수 십 가지를 잘 할 줄 아는 사람보다 백 배 혹은 천 배나 더 큰 성공과 부와 명예를 획득하게 된다는 사실을 우리는 명심해야 한다.

동양의 현인 노자^{老子}의 《도덕경》에는 아주 재미있는 표현이 나온다.

"큰 나라를 다스리는 것은
마치 생선을 굽는 것과 같다.
무 많이 쑤셔대면 생선은 부서진다."

큰 인생을 살아가는 방법도 이와 다르지 않다. 여기 저기 너무 많은 것들을 쑤셔대면 인생은 조각날 것이 뻔하다. 한 가지만 붙잡고 그것에 승부를 걸어라. 그것이 고슴도치 전략이다.

성공과 행복의 기술 7

목표설정

- 目標設定 -

● ● ●

달성하든 못하든 목표는 생활을 위대하게 한다.
- 로버트 브라우닝

성공에 가장 필요한 조건은 한 가지 일념으로 목표를 향해 전진하는 것이다.
- 프레드 스미스

마음에 품은 비전에 담긴 숭고한 목적을 항상 생각하라.
- 마크 피셔

미래는 자신의 꿈이 아름답다고 믿는 자의 것이다.
- 엘리노어 루스벨트

원대한 꿈을 가져라. 꿈을 가지면 꿈처럼 된다.
- 존 러스킨

꿈을 향해 자신감을 가지고 전진한다면, 상상해 왔던 삶을 이어간다면
예상치 못한 성공과 만나게 될 것이다.
- 헨리 데이비드 소로

자기를 경영하기 위해 배우는 자는 먼저 뜻을 세워야 한다.
뜻을 세우지 않고 성공한 자는 없다.
- 율곡 이이

분명한 목표가 있는 인간의 의지를 이겨낼 수 있는 것은 아무것도 없다.
- 벤저민 디즈레일리

사람을 강하게 만드는 것은 비전을 세우고, 이루고자 노력하는 데 있다.
- 어니스트 헤밍웨이

당신에겐 위대하고 담대한 목표가 필요하다

목표를 종이에 적어 둔 졸업생과 그렇지 않은 졸업생들에 대해 예일 대학교에서 연구한 적이 있다. 졸업할 때는 비슷한 환경과 능력, 시작 했지만, 20년 후 재정적인 결과에서 엄청난 차이가 있었다고 한다.

졸업생들 중에 명확한 목표를 설정하고, 목표 달성 기간과 행동 계획, 목표 달성 이유 등과 같은 구체적인 사항들을 종이에 적은 졸업생은 불과 3%밖에 없었다. 나머지 97%의 졸업생들은 목표를 설정하지 않았거나, 종이에 적지 않았다. 20년 후 목표를 확실히 설정하고 종이에 적은 3% 졸업생들의 부가 나머지 졸업생들의 부의 합계보다 많았다고 한다. 목표 설정과 비전 설립은 인간 내면의 무한 능력을 켜는 놀라운 스위치라는 사실을 입증해 주는 연구이다.

성공은 목표와 비전을 세우고 도전하는 사람들의 것이다. 성공한 사람들은 하나같이 꿈을 꾸고, 목표를 세우고, 비전을 가진 사람들이었다. 성공의 출발점은 꿈을 꾸고, 목표를 세우고, 비전을 가지는 것이다. 목표나 꿈이 없으면서도 큰 성공을 거둔 사람들은 거의 없다.

목표가 반드시 필요한 이유는 자신의 내면에 숨어 잠자던 능력과 에너지들이 켜질 수 있기 때문이다. 목표나 꿈 없이 그냥 열심히만 일하고 살았던 사람들은 평범한 사람들에서 벗어 날 수 없다. 달성 여부를 떠나 목표를 가지는 것만으로도 자신의 인생을 위대하게 한다. 목표는 위대함으로 이끄는 위대함이다.

목표가 있는 사람은 시련과 역경 앞에서도 흔들리지 않는 항해를 할 수 있다. 목표는 항해 스위치이다. 불가능을 가능하게 해주기 때문에 가능 스위치이기도 하다. 이러한 스위치의 강력한 힘이 없는 사람들은 인생을 실패할 수밖에 없다. 내면에 잠자고 있는 에너지를 켤 수 없기 때문이다.

《성공하는 기업들의 8가지 습관》에서 짐 콜린스는 '크고 위대하고 담대한 목표'의 중요성을 설파한 바 있다. '크고 위대하고 담대한 목표'가 기업들을 크고 위대하고 담대하게 이끌어 간다는 주장이다. '누구나 차를 한 대씩 갖게 하자'라는 크고 위대하고 담대한 목표를 가졌던 포드처럼 목표는 그 자체로 강력한 스위치 역할을 한다.

"어디에 있느냐는 중요하지 않다. 어디로 가고 있느냐가 중요하다."
올리버 웬델 홈스의 말 그대로 우리에게는 목표 지점이 중요하다. 목표 지점이 높으면 높을수록 내면에서 힘과 에너지가 솟아나게 된다.

심리학 용어인 '불변 이론'을 믿는 사람들은 재능은 타고나기 때문에 더 이상 향상이 없고 노력을 해도 효과가 없을 것이라고 생각해서 목표 자체를 낮춰 잡는다. 그 결과 성취도도 낮을 수밖에 없다. 그들은 자신의 재능이 얼마나 높아질 수 있는지에 대해서는 한 번도 생각해 보지 않는다. 반대로 '증진 이론'을 믿는 사람들은 재능이란 갈고닦기 나름이라 생각해서 목표 자체도 높게 잡는다. 그런 사람들은 목표를 완전히 달성하지 못한다 해도 매우 높은 성취도를 보인다.

목표와 비전이 없을 경우 나태해져서 망한다. 무작정 열심히 사는 사람들은 다람쥐 쳇바퀴 도는 격이지만, 명확한 목표와 비전을 가진 사람은 매일 조금씩 목표에 다가간다. 나중에는 큰 차이가 생긴다.

목표와 비전이 없는 사람은 작은 시련과 역경 앞에서 심하게 흔들리고, 쉽게 포기해 버린다. 명확한 목표와 비전이 있고 꿈을 품은 사람은 아무리 큰 시련과 역경이 닥쳐와도 요동치지 않고, 포기하지도 않는다. 무엇보다 명확한 목표와 비전이 있는 사람은 언제나 최선의 길을 찾고 연구한다. 결국에는 가장 빠른 길로 가서 성공하게 되어 있다. 목표와 비전이 없는 사람은 망망대해를 떠돌아다닐 뿐 목적지가 없는 셈이다.

'못 오를 나무는 쳐다보지도 말라'는 속담이 있지만, 시도도 안 해보고 어떻게 못 오를지, 오를지 알 수 있을까? 한 번 해서 안 되면 두 번 하고, 두 번 해서 안 되면 열 번 하고, 열 번 해서 안 되면 백 번, 천 번 해보자. 정말 열심히 시도하고 시도해도 안 된다면 그때 쳐다보지 않아도 늦지 않다. 이른바 백천지공百千之功이다.

실패한 경험은 고스란히 또 다른 성공의 발판이 된다. 실패를 부끄러

위할 필요도 없다. 큰 성공을 거둔 사람치고 한 번도 실패를 경험해 보지 못한 사람은 없다. 더 크게 성공하고 싶은 사람일수록 더 많이 실패하기를 노력해야 한다. 실패와 성공은 별개가 아닌 동전의 양면이다.

목표 달성에 일시적으로 실패한다 해도 두려워하지 않고 과감하게 계속 목표를 추구해야 한다. 실패의 경험과 아픔은 오래가지 않는다. 실패를 거치면서 성공으로 가는 방법과 교훈을 배우고 성공의 발판으로 삼을 수 있다.

여기서 한 가지 주의할 사항이 있다. 목표를 달성하고 성공하면 성취감을 느끼고, 실패하면 실망을 한다. 이 두 가지 경우 모두 오래가지 못한다. 성공해서 행복한 삶을 오래 지속하려고 생각한다면 환상에 불과하며, 실패해서 불행한 삶을 살 수밖에 없다는 생각도 환상에 불과하다는 것이다.

목표를 달성하고 성공하여 많은 부를 획득하고 나서 오히려 불행한 삶을 살게 되는 사람들이 많다. 어떤 이들은 크게 성공한 후 허무함을 느끼고 심한 우울증을 앓으며 불행 속으로 빠지기도 한다. 성공하기만 하면 무엇과도 바꿀 수 없는 큰 행복이 저절로 주어진다고 철석같이 믿었기 때문이다.

그들은 평생 동안 성공을 위해 소중한 인생의 가치와 시간을 바쳐서 투자한 자들이다. 성공하면 크나큰 행복을 누릴 수 있다고 생각한 나머지 모든 것을 바친 사람들이다. 이런 사람들은 성공해서 아무리 큰 부와 명예라 얻을지라도 행복 자체를 가져다주지 못한다는 사실을 알게 된다. 그로 인해 심한 허탈감과 절망감을 느끼는 경우가 많다.

돈이 없고 가난했지만 열심히 살았던 과거가 가장 행복했던 시절이라고 말하는 사람을 종종 볼 수 있다. 바로 이것이다. 지금 이 순간 우리는 가장 행복할 수 있다. 지금 이 순간 우리로 하여금 가장 행복할 수 있게 만드는 것은 미래에 대한 목표와 목적, 비전 스위치로 인한 에너지와 기쁨의 발산에 달려 있다.

순간의 쾌락만을 추구하는 자들은 행복이 무엇인지 모른다. 행복은 현재의 기쁨에 미래의 올바른 목표와 목적이 있어야만 가능한 것이다. 백천지공을 생활화할 수 있는 힘은 확고하고 담대한 목표 설정에서 비롯된다.

우리 안엔 우주에서 가장 완벽한 시스템이 있다

··

우리가 무엇인가를 간절히 바라면 꿈이 되고, 그러한 꿈을 우리 속에 품으면 반드시 이루어진다. 여기에는 과학적인 원리가 숨어 있다. 우리의 몸과 마음과 뇌가 그렇게 작동하도록 만들어졌다는 사실이다. 숭고한 목표와 원대한 꿈을 가지면 뇌에 각인이 된다. 목표와 꿈을 매일 품고 간절히 바라면, 몸을 구성하는 100조 개나 되는 세포와 대뇌 피질의 약 100억 개의 신경 세포 하나하나에 목표와 꿈에 대한 정보가 각인된다.

인간의 뇌는 세상에서 가장 우수한 컴퓨터이다. 이 땅에 존재하는 대부분의 컴퓨터들은 한 번에 하나의 비트, 즉 한 개만 처리할 수 있다. 100만 비트를 동시에 처리하려면 500만 대의 컴퓨터가 있어야 한다. 우리의 뇌는 동시에 처리한다. 몇 억 비트의 정보를 받아들여 동시에 처리하며 온몸의 감각과 기관 세포들에게 수도 없이 많은 명령을 보낸다. 결정적으로 컴퓨터가 수백 번 업그레이드된다 해도 할 수 없는 생각과 상상을 만들어 낸다.

더욱 놀라운 사실은 인간의 몸과 마음과 뇌는 보다 고차원적인 무엇인가를 실현하고 이루어 내기 위해 완벽하게 준비된 자동 시스템이라는 점이다. 유기적으로 동작하는 우주에서도 가장 위대한 메커니즘을 가지고 있는 완벽한 시스템을 부여받았다. 아무리 능력이 없어 보이고, 아무것도 잘할 수 없어 보여도 인간이라면 누구라도 '우주에서 가장 완벽한 시스템'을 가지고 있다.

바보 온달도 잠재되어 있었던 능력과 에너지를 켜줄 평강 공주를 만나자 고구려에서 가장 훌륭한 장군이 되었다. 우주에서 가장 완벽한 시스템인 자기 자신의 잠재되어 있는 능력들을 얼마나 많이 켜느냐에 위대한 인물들이 결정된다. 우주에서 가장 완벽한 시스템은 단순히 생존하라고 주어진 것이 절대 아니다. 보다 고차원적인 의미와 가치를 통해 보다 나은 삶을 살 수 있도록 주어졌다.

인류가 정복해야 할 마지막 장소는 우주가 아니라 '뇌'이다. 그만큼 뇌는 아직도 신비 그 자체이며, 무궁무진한 능력이 숨어 있는 소우주이다. 아무 목적이나 목표, 꿈이 없는 상태에서는 100조 개나 되는 세포와 100억 개로 추정되는 신경 세포들이 제각각 활동하여 평범한 삶을 살아가게 된다. 숭고한 목표와 원대한 꿈을 꾸고 마음속에 품으면, 완벽한 시스템이 서서히 가동하기 시작하는 것이다. 어떠한 위대한 일도 해낼 수 있는 것이 인간이라는 존재이다.

지금은 과학이 많이 발달해서 이러한 시스템에 대해 설명하기가 매우 쉬워졌다. 인간이 가지고 있는 우주에서 가장 완벽한 시스템은 '최첨단의 자동 항법 장치가 설계되어 갖추어져 있는 거대한 슈퍼컴퓨터와 100조 개나 되는 수많은 장치들로 이루어진 최고의 우주선'으로 비유할 수 있다. 수많은 장치들과 자동 항법 장치는 목적지만 입력하면 자동으로 알아서 작동하면서 간다. 공상 과학 영화에 나오는 거대한 우주선보다 수천 배 놀라운 존재가 바로 자기 자신의 내부에 있는 시스템이다.

지구상에 존재하는 어떠한 컴퓨터도 아직까지 인간의 뇌를 완벽하게 흉내낼 수 없다. 뇌의 놀라운 능력이 과연 어느 정도인지도 밝혀내지 못하고 있다. 우뇌의 이미지 능력을 이용해 마음속으로 상상하면 실제로 실현되고, 지구 반대편에 있는 누군가를 위해 기도하면 실제로 그 사람의 병이 낫기도 한다. 이마저도 과학을 훨씬 뛰어넘는, 우주에서 가장 완벽한 시스템인 인간이 보여 주는 무한 능력의 일각일 뿐이다.

인간이 지닌 완벽한 시스템은 생각을 바꿈으로써 인생이 바뀔 수 있도록 도와준다. 말을 바꿈으로써 인생이 바뀔 수 있도록 도와준다. 무엇보다 목표와 비전이 크면 클수록 더욱더 완벽하게 작동한다.

이 시스템이 가진 최대의 단점은 주인이 부정적인 생각을 하고 부정적인 말을 하면, 그것도 100% 실현시켜 준다는 데에 있다. 발표 중에 실수할까 걱정하거나 실연을 너무 걱정하면, 어김없이 실수를 하고 실연을 당한다. 우리가 집중하고 생각하면 알게 모르게 무의식적으로 시스템이 머리부터 발끝까지 가동되기 때문이다. 그래서 위대한 생각을 하고, 좋은 습관을 만들고, 남을 위한 삶을 살고, 긍정적인 말을 해야 한다. 바로 6번째 기술, 즉 스위치인 목표와 목적, 꿈 스위치이다.

헨리 데이비드 소로는 '인간이 자기가 꿈꿔 온 방향으로 자신 있게 나아간다면, 그리고 자신이 그려 온 삶을 살아가려고 노력한다면, 평상시에 생각지도 못했던 성공을 이루게 될 것'이라고 말했다. 간절히 바라면 반드시 이루어지는 시스템을 과거 사람들은 하나의 이야기로 승화시켰다. 그리스 신화에 나오는 조각가 피그말리온의 이야기다.

지중해 동부에 있는 키프로스라는 섬에는 피그말리온이라는 뛰어난 조각가가 살았다. 그는 세상의 어떤 여자들하고도 사랑에 빠지지 않았다. 아니, 빠질 수 없었다. 세상의 어떤 여자들에게서도 사랑에 빠질 만큼 큰 아름다움을 느끼지 못했기 때문이다.

어느 날 그는 자신이 만든 여인 조각상을 보고 사랑에 빠져 버렸다. 사랑의 감정은 깊어만 갔다. 급기야 사랑의 감정은 고통이 되어 그를 힘들게 했다. 그는 이제 단 하나의 간절한 소망만 가진 사람이 되었다. 그의 간절한 꿈은 조각상이 실제로 여자로 변하여 결혼도 하고 행복하게 사는 것이었다.

그는 아프로디테 여신을 찾아가 간절하게 기도하였다. 그의 간절한 꿈은 실현되었고, 조각상은 살아 있는 여자로 변신하였다. 이 이야기에서 무엇인가를 간절히 원하면 반드시 이루어진다는 현상을 명명하여 '피그말리온 효과'라 부르게 되었다.

피그말리온 효과처럼 간절한 소망은 내면에서 잠자던 에너지와 힘을 깨워 어떠한 일이라도 이루어지게 하는 힘이 있다. 한 가지 명심해야 하는 사항은 있다. 목표나 목적, 꿈이 단순히 돈을 많이 벌어서 잘 먹고 잘 사는 것이어서는 안 된다. 다른 사람들에게 허세를 부리고 자랑하면서 살기 위한 꿈은 이루어지지 않는다.

설혹 이루어진다고 해도 무슨 의미와 가치가 있을까? 이루어진다고 해도 그 성공은 미미하다. 꿈과 목표와 목적이 숭고하며 가치 있을수록 내부의 에너지와 힘과 무한 자원이 잘 켜진다. 가치 있고 숭고한 목표를 위해 전념함으로써 우리는 진정한 행복에 도달할 수 있다. '많은 사람이 진정한 행복을 이루는 것에 대해 그릇된 생각을 하고 있다. 그것은 자기만족을 통해 얻어지는 것이 아니라, 가치 있는 목표에 전념함으로써 얻어진다'라고 헬렌 켈러가 말했다. 숭고한 목표와 목적은 우리를 한없이 행복하게 만들어 준다는 사실이 무엇보다 중요하다.

목표나 비전이 없는 사람, 꿈이 없는 사람은 우주에서 가장 완벽한 시스템인 자기 자신을 낭비하고 허비하는 것과 다를 바 없다. 미셸 드 몽테뉴는 '목표를 설정하지 않은 사람은 자기 자신마저 잃어버린다'라고 적확하게 말한 바 있다. '달성하고자 하는 정확한 목표와 확고한 비전이 있는 사람'은 절대 자기 자신을 잃어버리지 않고 흔들리지 않는다. 따라서 구체적인 목표와 확고한 비전 스위치를 갖는 것이 매우 중요하며 필수적이다. 미국 격언 중에는 '네 비전을 마치 네 영혼의 자식같이, 네 궁극적 성취의 청사진같이 소중히 하라'는 말도 있다.

목표 설정은 S.M.A.R.T 하게 하라

....

　목표를 설정하기 위해서 준수해야 할 것들이 있다. 목표는 반드시 구체적인Specific이어야 하고, 측정 가능Measurable 해야 하고, 성취 가능 Achievable해야 하고, 결과 지향적Result Oriented이어야 하고, 시간 제한적Time limit이어야 한다. 목표가 구체적이지 않을 경우, 목표 스위치로서의 기능을 제대로 발휘할 수 없다.

　구체적이지 않은 목표는 없는 것이나 마찬가지다. 측정 가능하지 않은 목표는 없는 목표와 다를 바 없고, 성취가 아예 불가능한 목표 역시 그렇다. 결과 지향적이지 않다면 목표로서 바람직하지 않다. 시간을 정해 놓지 않은 목표는 결함이 있는 목표이다. 이상을 목표의 SMART 원칙이라고 한다.

　엄청나게 좋은 자동 항법 장치와 온갖 장치들이 갖추어진 거대한 우주선이 원시인들이 사는 숲 속에 떨어졌고, 그 안에 있던 사람들은 모두 사라졌다고 가정해 보자. 원시인들은 엄청나게 큰 우주선을 발견해도 그저 비를 막아 주는 거대한 동굴로만 생각하고 우주선을 사용할 뿐이다. 우주선의 온갖 장치와 편의 시설을 사용하기 위해서는 스위치를 찾아서 켤 수 있어야 한다. 스위치를 켤 수 있다면 우주선을 가지고 우주여행도 할 수 있다.

만약 우연히 우주선을 가지고 우주여행을 하는 원시인이 있다면 그 기분이 어떨까? 우리의 뇌는 최첨단 우주선이고, 우리는 원시인들과 비슷하다는 사실을 아는가? 그런데 우연히 우주선의 스위치를 발견하고, 우연히 스위치가 켜져서 우주여행을 하는 원시인 같은 존재들이 지금 주위에 있다. 그들은 누구일까?

그들은 영화 〈레인맨〉에서 소개된 주인공 레이먼드 배빗과 같은 서번트 장애자들이다. 태어날 때부터, 혹은 우연한 사고로 더 이상 평범한 삶을 살지 못하는 이들 중에는 보통 인간으로서는 도저히 할 수 없는 초인적인 능력을 가진 사람들도 있다.

그중에서 가장 인상 깊은 서번트는 스티븐 윌트셔이다. 그는 BBC 다큐멘터리 〈천재의 조각들〉을 통해서 만나 볼 수 있었다. 그는 헬리콥터로 날아다니면서 런던 시내를 눈으로 본 다음, 하늘에서 본 런던 시내의 풍경을 너무나도 자세하고 구체적으로 그려 냈다. 수백 개의 건물들을 모두 기억한 그는 정확한 거리 비례와 원근감까지 표현하여 런던 시내를 그려 냈다. 그는 우리들이 한계라고 생각했던 것을 정확히 뛰어넘었다.

또 한 명의 서번트인 레슬리 렘키는 한 번도 들어본 적이 없는 곡을

즉석에서 듣고 머릿속에 저장한 뒤에 정확히 연주할 수 있다. 서번트들은 자신의 능력을 연습한 적이 없다. 다만 내부에 있던 알 수 없는 스위치를 켰을 뿐이다. 사고를 겪거나 태어날 때부터 생긴 능력에 의해서 내부의 스위치가 우연히 켜져 버린 것이다.

오랫동안 전문가들은 사람들이 왜 각각 다른 능력을 보이고, 다르게 생각하고, 다른 삶을 사는지, 왜 누구는 성공하고, 누구는 실패하는지, 그 차이를 발생시키는 이유와 원인을 연구했다.

그 결과 두 가지 의견이 나왔다. 첫 번째 의견은 유전 인자와 뇌의 크기, 성능에 차이가 있다는 의견이다. 두 번째 의견은 환경과 배경, 훈련, 교육 등에 따라 차이가 발생한다는 의견이다.

오늘날 다수의 전문가들은 어느 쪽도 맞지 않다는 데 동의한다. 유전에 100% 의지하는 것도 아니고, 그렇다고 환경이나 교육에 100% 의지하는 것도 아니라는 결론에 도달하였다. 성공에 필요한 것은 전적으로 좋은 유전자나 기질, 능력이 아니다. 좋은 환경이나 좋은 교육도 아니다. 이 두 가지를 적절하게 향상시킬 수 있는 구체적인 목표이다. 구체적인 목표가 우리 내부의 유전자와 잠재 능력, 에너지 그리고 외부의 환경과 교육의 효과를 통합시켜 강력한 힘을 만들어 낸다고 보는 것이다. 여기에 목표 스위치의 위력이 숨어 있다.

목표는 우리로 하여금 간절히 꿈꾸는 바를 향해 첫발을 내디딜 용기를 만들어 준다. 또한 행동할 수 있는 실행력을 길러 준다. 목적 스위치를 가지고 있지 않은 사람은 자연히 도태되고 몰락할 수밖에 없다. 우리로 하여금 꿈을 성취하게 하는 것은 다름 아닌 목표 스위치이다.

목표 스위치는 자신이 꿈꾸는 것을 행동으로 옮길 수 있는 용기와 실행력을 내면으로부터 만들어 발휘한다. 그 목표가 크고 강할수록 더욱 그렇다. 숭고할수록, 의미가 강할수록 그렇다. 시시한 목표나 목적보다는 크고 위대한 목표, 숭고하고 의미 있고 가치 있는 목적을 가지는 사람이 그만큼 큰 추진력을 갖는다.

꿈과 목표는 성공으로 이어진다

⋯⋯⋯⋯⋯⋯⋯⋯⋯⋯⋯⋯⋯⋯⋯⋯⋯⋯⋯⋯⋯⋯⋯

목표가 없는 사람들은 그렇지 않은 사람들에 비해 빨리 늙는다는 연구 결과가 있다. 요즈음 정년퇴임을 한 사람들을 주위에서 많이 보게 된다. 이상하게도 퇴임하기 전까지는 아무렇지도 않다가 퇴임 후 3년 내에 큰 병에 걸리거나, 심하면 죽는 경우도 많다. 병에 걸리지 않은 사람들조차 급격하게 노화가 진행되기도 한다. 아무래도 일이라는 목표가 사라지고 아무 방향도 목적도 없어지면 온몸의 세포가 제각각 기능한다. 정년 퇴임한 사람들이 일을 하는 사람들에 비해 빨리 늙고, 빨리 약해지는 이유이다.

명절을 앞두고 노인들의 사망률이 낮아지다가, 명절을 마친 후에 다시 사망률이 높아진다는 통계가 있다. 목표나 기대 스위치의 기능을 설명하는 사례이다. 명절을 앞두고 있을 때는 사랑하는 자녀들과 손자, 손녀들을 볼 수 있다는 기대 심리와 목표가 생긴다. 자연스레 노인들을 강하고 행복하게 만든다. 명절이 끝난 직후에는 더 이상 낙이 없어지고, 목표가 없어진다. 목표 상실이 급격한 노화로 이어지는 것이다.

목표가 힘을 발휘하는 이유는 우리 온몸의 세포들이 목표 스위치가 켜졌을 때와 꺼졌을 때에 각각 다르게 반응하기 때문이다. 우리의 몸은 의식과 무의식을 모두 기억하고 있을 뿐만 아니라, 각기 다르게 반응하는 놀라운 존재들이다. 크고 숭고한 목표일수록 온몸의 세포들은 그 방향과 목적지를 향해 움직이게 되어 있다. 큰 목표가 있는 사람의 세포들은 스스로 알아서 병도 물리치고 건강해진다. 목표가 있고 바쁜 사람들은 병도 적게 걸리고 보다 건강한 것이다.

매일 규칙적으로 일어나서 회사에 출근하고 일하는 사람들이 가장 건강하다고 한다. 일이라는 목적 스위치가 날마다 켜져 있어서 온몸의 세포들이 매일 활동하고 기능한다. 당연히 그렇지 못한 사람들보다 건강해지고 오래 사는 것이다.

'미래는 꿈의 아름다움을 믿는 사람들의 것이다'라고 엘리노어 루스벨트는 말했다. 꿈은 강력한 성공 기술 중에 하나임이 분명하다. 물론 꿈만 꾸고 행동으로 옮기지 않는 사람은 예외이다. 하지만 꿈을 계속 꾸면 그 꿈이 행동하도록 이끈다. 꿈은 강력한 행동의 원동력이라고 할 수 있다.

미래에 위대한 일을 하는 강력한 꿈을 마음속에 품었다고 생각해 보자. 침대에 누워 매일 꿈을 품고 열망한다고 해보자. 일주일도 안 되어 침대에서 일어나 꿈을 이루기 위한 행동을 하게 될 것이다. 꿈을 가진 사람은 누구나 성공에 근접할 수 있다. 성공을 위한 행동에 옮기게 되고, 실패하더라도 꿈을 쉽게 포기하지 않는다. 목표나 꿈을 가지고 있는 사람은 시련과 역경에 쉽게 흔들리지 않는 법이다.

구체적인 목표를 가지고 있으면, 욕심 내지 않고 한 발짝씩 나아갈 수 있다. 조급해지지 않고 오히려 여유를 가질 수 있다. 여유는 내면의 유익한 에너지들을 새롭게 형성하고 만들어 낸다. 무엇보다 역량을 더욱 많이 발휘할 수 있게 한다.

아무리 재능이 뛰어나고 능력이 출중하다 해도, 성공에 너무 집착하여 빨리 성공하고자 하는 사람은 일을 그르치고 돌이킬 수 없는 상황에 빠지고 만다. 욕속부달欲速不達, 무엇이든지 빨리하려고 조급해하면 도리어 이루지 못한다. 목표 스위치를 가지면 여유가 생긴다. 차근차근 한 발짝씩 나아갈 수 있는 힘과 에너지가 생긴다. 구체적인 목표 스위치를 켜는 사람은 조바심과 조급함을 물리칠 수 있는 것이다.

탤런트나 가수의 세계에서도 동일하다. 재능이나 실력이 최고 수준으로 올라갈 때까지 기다리며 준비하는 사람은 일류가 될 수 있다. 재능이나 실력이 부족한데도 빨리 출세하고 싶어서 조급해하면 일류가 되기 어렵다. 실력이나 능력을 향상시키기보다 계약자들만 찾아다니다 쉽게 데뷔하면 이류나 삼류로 전락해 버릴 수밖에 없다.

자신의 실력과 능력을 향상시키며 때를 기다리는 사람이 되어야 한다. 목표 스위치를 켜는 사람은 구체적이고 정확한 목표가 있어서 차근차근 한 단계씩 밟아 나갈 수 있다. 섣불리 욕심을 내지 않는다. 대기만

성이란 말이 현대에도 그대로 적용되는 것이다.

목표를 갖고 있는 사람은 현재의 자신과 목표가 실현되었을 미래의 자신을 연결할 줄 알게 된다. 그러면 현재나 미래에 치중하지 않는다. 현재와 미래를 동시에 내다보면서 균형을 잡을 수 있게 된다. 미래의 성공은 절대로 현재의 행동과 생각 없이는 이루어질 수 없다. 현재의 투철한 노력과 열정은 미래의 큰 목표가 있어서 가능하다.

목표 스위치는 현재와 미래를 연결하고 하나로 이어주는 교량 역할을 한다. 이러한 이유로 목표 스위치를 켜는 사람과 켜지 않는 사람은 큰 차이가 난다. 현재에 투입할 수 있는 에너지 자체가 달라서 미래의 성공 수준도 다르고 크기도 달라진다.

꿈과 목표를 가진 사람이 아무것도 없는 사람보다 성공할 공산이 큰 이유는 무엇일까? 물론 이미 언급했던 내용들도 그 이유가 될 수 있다. 하지만 그와는 성격이 다른 이유가 있다. 꿈을 가진 사람 주위에는 반드시 꿈이 있는 사람들이 모여 들어서 놀라운 시너지 효과가 발생하는 것이다.

시너지 효과는 또 다른 에너지를 생성한다. 자신에게 없던 놀라운 힘과 에너지가 외부로부터 자신에게 흘러 들어온다. 이것은 매우 중요한 사실이다. 무엇보다 꿈을 가지면 놀라운 힘과 에너지가 자신에게 흘러 들어오기 때문에 없던 힘도 생긴다. 알지 못했던 능력과 에너지가 발휘되는 순간도 경험하게 된다. 따라서 꿈을 가지고 목표와 목적, 비전 스위치를 켜는 것이 매우 중요하며 큰 역할을 한다.

유유상종이란 말도 맞는 말이다. 사기꾼들에게는 사기꾼들만 모여든다. 사기꾼처럼 마음이 검은 사람에게는 다른 사기꾼들도 이상하리만큼 냄새를 잘 맡고 모여든다. 마음이 맑고 정직한 사람, 욕심을 내지 않고 정직하게 살아가는 사람에게는 절대 사기꾼들이 모이지 않는다. 모여 봤자 아무것도 할 수 없다.

꿈이 있고 야망이 있는 사람에게는 반드시 꿈이 있고 야망이 있는 사람들이 모여들게 되어 있다. 목표와 비전 스위치를 켜면 그와 비슷한 목표와 비전 스위치를 켠 사람들을 만난다. 함께 큰 목표와 비전을 이루게 되는 것이다.

우리나라 벤처 기업은 유유상종의 현상이 가장 잘 드러난 경우이다. 크고 담대한 목표를 가진 젊은 인재들이 안정된 직장을 그만두고 자신의 목표와 비전을 이루기 위해 위험한 벤처 기업에 모여들었다. 그 결과 어떤 이들은 그야말로 큰 성과를 얻었다. 꿈이 있는 사람에게는 그와 비슷한 꿈이 있는 사람들이 모여든다. 그들에게 엄청난 시너지 효과가 발생하면서 큰 에너지와 힘이 집중되어 큰일을 이룰 수 있었던 것이다.

뿐만 아니라, 목표와 비전 스위치를 켜면 우리 내면에서 더 큰 변화가 발생한다. 우리가 어떤 목표와 비전을 세우면 그에 걸맞은 무한한 에너지와 능력과 힘이 깨어난다. 자신도 몰랐던 능력과 에너지가 발휘되는 놀라운 경험을 해본 사람이 있을 것이다. 목표와 비전 스위치를 켤수록 내면에서는 그에 상응하는 수준의 에너지와 힘과 능력이 켜진다. 이것이 목표와 비전 스위치의 신비롭고 오묘한 기능이고 역할이다.

목표와 비전이 없는 사람은 망하고, 목표와 비전이 있는 사람은 흥하게 되어 있다. 목표와 비전이 없는 사람은 절대 벽을 뛰어넘지 못한다. 목표와 비전이 없는 사람은 성장하지 못하기 때문에 큰 부흥을 경험할 수 없다. 목표와 비전이 없는 사람은 힘과 에너지와 능력이 있다 해도 분산되어 시너지 효과를 얻을 수 없다. 그런 사람이 망하는 일은 다만 시간문제일 뿐이다.

목표가 없는 것이 실패의 원인이다

"비전이 없는 백성은 망하나니……."

《성경》에 나온 진리는 한 개인에게도 그대로 적용된다. 비전 스위치를 켜지 않는 개인은 망하게 되어 있다. 더 이상 발전이 없기 때문이다. 작은 시련과 역경에도 쉽게 좌절하기 때문이다. 최선을 다하지 않기 때문이다.

성공하는 사람들은 모두 적극적으로 대가를 치르는 사람들이다. 적극적인 대가 중에 하나가 포기하지 않고 목표를 향해 전진하는 것이다. 성공 비결은 현재 서 있는 자리나 지위에 상관없이 언제나 향상심을 잊지 않고 목표를 향해 나아가는 것이다. 목표와 비전은 향상심을 내면에서 켜주는 스위치와 같은 역할을 해준다. 목표와 비전 스위치를 가진 사람은 누구보다 일관성을 유지하며 앞으로 나아갈 수 있다. 이러한 삶의 태도 속에 성공과 행복이 숨어 있다.

'나는 길을 찾겠다. 길이 없으면 만들겠다'는 마음 자세와 태도는 성공하기 위해 매우 필요한 자세이다. 하지만 목표와 비전이 켜져 있지 않다면 제대로 된 참된 길이 아니다. 그만큼 목표와 비전은 중요하다. 참된 목표와 비전은 참된 길을 찾게 도와준다. 참된 길이 없다면 만들 수 있도록 도와주기도 하는 최상의 스위치이다.

목표를 세우고 비전을 만들 때 명심해야 하는 사항이 있다. 가능한 한 목표와 비전이 커야 한다. 큰 목표와 비전을 가진 사람일수록 작은 일에 흔들리지 않는다. 무엇보다 타인과 비교하지 않게 되어 평상심을 유지하면서 자신의 페이스대로 일을 진행해 나갈 수 있다. 목표와 비전이 너무 평범하고 작으면 작은 일에도 요동치고, 타인의 성공과 행복에 안절부절못하고, 언제나 비교한다.

목표와 비전이 커야 하는 또 다른 이유는 불가능을 가능하게 해줄 에너지와 힘과 자원을 내면에서 형성하여 뿜어내기 때문이다. 토머스 에디슨은 정규 교육도 제대로 받지 못한 사람이다. 이런 사람이 높은 정규 교육을 받아 훨씬 지식이 많은 전문가들보다 먼저 전구를 발명하겠다는, 불가능에 가까운 목표를 세웠다. 그것도 3년이라는 목표 달성 기간을 삼았다. 더욱더 불가능한 목표였다. 그런데도 그는 해냈다. 불가능하게 보였던 목표를 이루게 만든 동력은 크고 위대한 목표였던 것이다.

불가능을 가능하게 한 또 한 사람은 헨리 포드이다. 당시 자동차 업체들의 1년 평균 생산 대수인 100대를 훨씬 뛰어넘어 1,000대 생산이라는 목표를 설정한 것은 정말로 불가능하다고 봐야 했다. 그는 불가능하고 비합리적일지도 모르는 크고 위대한 목표 스위치를 켰기 때문에 오히려 그 목표를 훨씬 뛰어넘는 자동차왕이 될 수 있었다.

"우리가 목표를 선택하지만, 그 목표가 우리를 재정립해 준다. 따라서 최대한 크고 높은 목표, 비합리적이고 불가능한 목표를 세우면, 그 비합리적이고 불가능한 목표가 우리를 비합리적으로 보일만큼 급속도로 성장시키고 키워 준다."

열정, 비전, 목표는 내면의 소리에서 비롯된다

'재능과 세상의 필요가 만나는 곳에 소명이 있다'라고 아리스토텔레스는 말한 적이 있다. 우리의 재능과 세상의 필요가 만나는 곳은 과연 어디일까? 그곳을 발견한 사람은 남다른 목표 의식과 열정과 확고한 비전을 만든다. 바로 이런 점에서 목표와 열정과 비전을 가진 사람들이 강할 수밖에 없고, 능력을 갖출 수밖에 없다. 그것은 세네카의 말처럼 '자신을 지배하는 사람이 가장 강한 사람'일 수밖에 없기 때문이다.

자신을 온전하게 지배하는 인생의 주인이 되어 살아가는 사람들이 담대하고 강하고 거인일 수밖에 없는 이유 중 하나는 그들이 자신의 내면의 소리에 귀를 기울일 줄 안기 때문이다.

이 세상의 그 어떤 소리에 귀를 기울인다 해도 그곳에서는 절대로 우리의 소명이나 우리의 열정을 깨우고, 우리에게 평생동안 추구해야 할 확고한 목표나 비전을 발견할 수 없다. 우리의 비전과 열정과 목표를 발견할 수 있는 유일한 곳은 바로 우리 자신의 내면이며, 내면의 소리가 들리는 곳이다. 내면의 소리를 들을 수 있는 사람만이 다른 사람들이 가지 않은 길을 선택할 수 있다.

"숲 속에 두 갈래 길이 있었다. 나는 사람들이 가지 않은 길을 택했고, 그것으로 모든 것이 달라졌다."

로버트 프로스트Robert Frost의 이 시처럼 당신의 삶을 극적으로 변화 시켜 마치 기적이 일어난 것처럼 인생의 반전을 경험하게 해주는 유일한 길은 다른 사람들이 가지 않는 길을 택하여 그 길을 가는 것이다. 그러한 길을 선택하도록 도와주는 지도나 매뉴얼은 이 세상에 존재하지 않는다. 사람들이 가지 않은 길을 발견하고 선택하는 유일한 방법은 내면의 소리를 듣는 것이다.

우리가 내면의 소리를 듣고 그 길을 선택하면 우리 삶의 모습은 헌신적으로 일하는 수준을 훨씬 뛰어 넘어 신명나게 일하며 창조적으로 일하게 된다. 그 결과, 그 어떤 능력을 소유한 사람보다 더 창의적인 사람이 될 수 있기에, 그 분야에서 최고로 성장하는 건 시간문제다. 이것이 바로 내면의 소리를 들은 사람과 그렇지 못해 자신의 인생의 소명을 발견하지 못한 사람의 가장 큰 차이인 것이다.

돈이나 사회적 직위를 보장해 주는 직장을 아무리 다닌다 해도 그 사람에게 기대할 수 있는 것은 순순히 복종하고, 즐거운 마음으로 협력하고, 헌신적으로 일하는 수준이다. 이것 이상은 기대할 수 없다. 인간의 가장 큰 갈망은 내면에서만 발견할 수 있다.

돈을 많이 벌고, 사회적 지위가 높아지고, 유명해져도 그것이 자신의 내면의 소리에서 비롯된 목표와 열정과 비전과 일치하지 않는다면 그

것은 모두 껍데기에 불과하다는 사실을 우리는 알아야 한다.

우리가 가장 창조적으로 일하며, 집중하고 싶어 하는 형언하기 어려운 갈망이 존재하는 곳은 돈이나 지위, 인기 있는 곳이 아니라 우리 내면 깊숙한 곳이다.

성공한 사람들이 하나 같이 '평생 단 하루도 일하지 않았어요'라고 말하는 이유는 그저 남들이 제시한 목표와 비전을 쫓아간 것이 아니라, 내면의 소리를 듣고 남과 다른 길을 선택하고 그 길을 신나게 쫓아갔기 때문이다. 그들에게 그 길은 자신이 되는 길이기에 그들은 누구보다 즐겁고 기뻐하며 그 길을 갈 수 있었다. 성공하는 사람들은 모두 자신이 하는 일을 좋아한 것이 아니라, 자신의 내면에서 우러나오는 소리를 듣고 그 길을 선택했기 때문에 좋아하는 일을 하게 된 것이다.

세상은 거대한 거울과 같다. 당신이 얼마나 당신의 내면의 소리에 귀를 기울이고, 용기를 내어 그 길을 선택하고 행동하였는가를 보여주는 거울과 같은 것이다. 그렇기 때문에 지금 당신이 만나는 당신의 현실은 어제의 당신이 어떤 길을 선택하고 어떤 행동을 보여주었는가에 의해 좌우되는 것이다. 어제와 별반 다를 것이 없는 삶을 평생 살아가는 사람들은 자신의 내면의 소리에 귀를 기울이지 않고, 세상이 제시하는 길을 열심히 가는 사람들이다. 반면에 어제와는 전혀 다른 눈부시고 멋진 삶을 살아가는 사람들은 자신의 내면의 소리를 듣고 그 길을 용기를 내어 걸어갔던 사람들이다.

미래를 당신의 것으로 만들 수 있는 사람은 타인의 것에 욕심내고 성공에 집착하는 사람이 아니라 용기 있고 결연한 정신으로 자신의 내면의 소리에 귀를 기울이고 그 길을 걸어가기 위해 최선을 다한 소수의 사람들이다.

동양 역사서의 근간이자 인간학의 보고寶庫이며, 중국을 대표하는 역사서일 뿐만 아니라 세계를 대표하는 고전이라고 평가 받는 《사기》는 총 130권으로 글자 수만 무려 52만 6,500자에 이른다. 종이도, 노트북도, 필기에 쉬운 필기도구가 하나도 없었던 그 시대에 이런 역작을 사마천이 남길 수 있었던 단 한 가지 이유는 '그 일이 자신의 내면에서 들려오는 소리라는 사실을 그는 정확하게 알고 있었기 때문'이다. 사마천이 내면으로부터 들려오는 소리를 듣지 않았다면 그는 궁형이라는 치욕스러운 형벌을 받지 않았을 것이고, 받았다 해도 치욕스러움 때문에 스스로 목숨을 끊었을 것이다. 그로 하여금 그 모든 치욕을 극복해 내고, 살아남아서 《사기》를 집필하게 해준 것은 그의 내면으로부터 들려오는 소리에서 비롯된 그의 목표 의식과 열정과 비전이었던 것이다.

그러므로 이제부터 그 무엇보다 내면의 소리에 귀를 기울여 보라. 그리고 어제와 다른 새로운 길을 발견하고 그 길을 선택하고 당당히 걸어가보라. 지금까지 하고는 비교도 안 될 눈부신 미래가 당신을 환하게 맞이하게 될 것이다.

성공과 행복의 기술은 우리 안에 있다

　세계적인 베스트셀러 작가인 파울로 코엘료는 《연금술사》에서 다음과 같은 말을 했다.

　"무언가를 간절히 바라면 온 우주가 당신의 소망이 실현되도록 도와준다."

　이 말은 우리가 행복하고 성공적인 삶을 살아가는 데 있어 가장 명심해야 할 말 같다. 간절함은 우리로 하여금 움직이게 하고, 생각하게 하고, 돌파하게 하는 힘을 준다. 그것이 바로 성공과 행복의 삶으로 옮겨가게 해주는 최대의 원동력이다. 간절하게 보다 나은 삶을 소망하고, 그 간절한 소망으로 실천하면 누구라도 반드시 행복하고 성공적인 삶을 살아갈 수 있다.

미래는 절대 기다려서는 안 된다. 우리 스스로가 만들어야 한다. 행복과 성공도 절대 기다려서는 안 된다. 간절히 바라고 만들어 나가야 한다. 우리는 성공하고 행복하게 사는 기술을 이 책을 통해 배웠다. 이제는 그러한 삶을 실제로 살아 보자.

성공과 행복의 기술은 우리 안에 있다. 우리 안에 있는 마음이 우리를 행복하고 성공적인 삶을 살아갈 수 있게 해주는 도구가 된다는 사실을 명심하자.

2차 세계대전 중에 이탈리아에서 근무하던 미국의 의사 헨리 비처는 부상병들이 쉴 새 없이 몰려들고 고통을 호소하자 바닥 난 모르핀 대신 아무 영향도 줄 수 없는 식염수를 모르핀이라 속이고 주사했다. 식염수를 모르핀으로 알고 있던 병사들은 더 이상 고통을 호소하지 않았다. 심지어 팔다리 절단 수술도 받을 수 있게 되었다.

결국 모든 것은 우리의 마음에서 비롯되고 결정된다. 성공과 행복도 우리의 마음에서 시작되어 행동으로 완성된다. 그 사실을 깨닫고 실천하면 행복하고 성공적인 삶을 살아갈 수 있는 사람이 되리라 믿어 의심치 않는다.

"나에게는 하늘이 주신 세 가지의 은혜가 있습니다. 첫째로 가난한 집에서 태어났기 때문에 부지런히 일해야 살 수 있다는 진리를 깨달았고, 둘째로 약하게 태어났기 때문에 건강의 소중함을 깨달아 90세를 넘길 때까지 건강하게 살 수 있었으며, 셋째로 초등학교도 졸업하지 못했기 때문에 이 세상의 모든 사람을 스승으로 삼았던 것입니다. 이 세 가지가 제 성공의 비결이었습니다. 지금 우리가 겪는 고통과 어려움의 시간들이 시련의 시간들이라면 이것이 곧 성공을 위한 축복의 시간들입니다."

마스시다 전기의 창업자인 마스시다 고노스케는 시련과 역경의 삶을 제공해 준 세 가지 불행을 오히려 축복이라고 생각했다. 그 결과 그는 위대한 성공을 할 수 있었다. 그처럼 어렵고 힘겨운 현실 속에서도 우리의 마음에서 그것을 어떻게 받아들이고 어떻게 대처해 나갈 것인가에 따라 우리가 맞이하게 되는 내일의 모습은 전혀 다르게 바뀐다. 성공과 행복은 우리의 외부 환경에 달린 것이 아니라, 바로 우리 내면에 달려 있다.

그러므로 우리 안에서부터 성공을 하자. 우리 내면에서 우리가 성취하고 이루었다면 그것은 이내 곧 외부 세계로 이어지고, 현실이 되어 눈앞에 나타나게 될 것이다. 마음에서부터 성공과 행복의 기술을 연습하고 성취해 낼 때 우리의 외부와 우리의 삶은 성공과 행복으로 가득찰 것임을 의심치 않는다.

끝으로 랠프 왈도 에머슨의 말을 통해 진정한 성공에 대해 다시 한 번 되새겨 보자.

"자주 많이 웃는 것, 현명한 사람에게 존경받고 아이들에게 사랑받는 것, 정직한 비평가의 찬사를 받는 것, 친구의 배반을 참아 내는 것, 아름다움을 구별할 줄 알고, 다른 사람에게서 최선을 발견하는 것, 건강한 아이를 낳든 한 뙈기의 정원을 가꾸든 사회 환경을 개선하든 자신이 태어나기 전보다 세상을 조금이라도 살기 좋은 곳으로 만들어 놓고 떠나는 것, 그리고 자신이 한때 이곳에 살았음으로 해서 단 한 사람의 인생이라도 행복해지는 것, 그것이 진정한 성공이다."

성공과
행복의
7가지 법칙

초판 인쇄 2020년 7월 15일
초판 발행 2020년 7월 15일

지은이 김병완
발행인 (주)플랫폼연구소 | **출판등록** 제 2020-000075 호

전화 010-3920-6036 / 02-556-6036 | **팩스** 050-4227-6427
이메일 pflab2020@naver.com

주소 서울특별시 강남구 역삼로 220 홍성빌딩 1층

ISBN 979-11-970672-2-8 (03190)